부모의 말은 아이의 인생이 된다

아자 부부(박현정, 김용무)

자기 주도 학습으로 서울대에 입학한 아빠와 소통전문가인 엄마.

국내 대기업과 세계적인 외국계 회사를 대상으로 강의와 컨설팅을 하는 부부는, 현장에서 행복하고 유능하게 빛을 발하는 사람들과 명문대를 졸업했지만 사회성이 떨어지고 일에서 행복감을 얻지 못하는 직장인들의 차이를 관찰하며 연구한 끝에 '행복하고 유능한 성인'으로 키워 내는 것이 공부보다 더 중요한 자녀 교육의 목표라는 생각에 이른다.

건강한 자존감과 자기 주도적 습관을 키워 주는 것이 국영수 점수보다 더 중요하다고 생각해 자녀의 관계, 학업에서 생활 속 따뜻한 터치가 필요함을 절감하고, 자녀 대화법에 공을 들여 세 아이를 키우고 있다.

명문대 입학이 초등학생 때부터의 목표가 돼 버린 대한민국의 현실에서, 대학 너머를 보고 아이를 건강하게 키우고, 더 좋은 부모가 되기 위해 연구 중이다. 그리고 그 연구의 결과를 아자 TV(아이가 행복한 자녀 교육법)라는 유튜브 채널을 통해 많은 부모들과 공유하고 있다.

유튜브 아자TV

부모의 말은 아이의 인생이 된다

지은이 아자 부부(박현정, 김용무)
초판 1쇄 인쇄 2023년 9월 15일
초판 1쇄 발행 2023년 9월 26일

발행인 박효상 **편집장** 김현 **기획 · 편집** 장경희, 김효정 **디자인** 임정현
마케팅 이태호, 이전희 **관리** 김태옥

기획 · 편집 진행 김현 **교정 · 교열** 박진재, 최주연
조판 조영라 **일러스트레이션** 서수연

종이 월드페이퍼 **인쇄 · 제본** 예림인쇄 · 바인딩

출판등록 제10-1835호 **발행처** 사람in **주소** 04034 서울시 마포구 양화로 11길 14-10 (서교동) 3F
전화 02) 338-3555(代) **팩스** 02) 338-3545 **E-mail** saramin@netsgo.com
Website www.saramin.com

책값은 뒤표지에 있습니다.
파본은 바꾸어 드립니다.

ⓒ 박현정 2023

ISBN
978-11-7101-028-8 13370

우아한 지적만보, 기민한 실사구시 사람in

부모의 말은
아이의 인생이 된다

아자 부부(박현정, 김용무) 지음

감정은 안 상하고
관계는 유지하고
동기는 부여하는
부모의 언어

사람in
saram
in.com

결국 모든 건
부모의 말 습관입니다!

"엄마, 아직 멀었어? 얼마나 더 올라가야 해?"

"거의 다 왔어! 조금만 더 가면 되니까 일단 저기까지 올라가 보자."

"너무 힘들어!"

"잘하고 있어. 처음보다 훨씬 빨라졌는데 뭘. 올라가는 자세도 안정적이고!"

"그래? 아, 그래도 언제 다 올라가냐."

"아니야. 아까보다 훨씬 나아졌어. 힘들다고 말하는 횟수도 훨씬 줄었고. 조금만 더 힘 내자!"

초등 고학년이 된 첫째와 둘째를 데리고 함께 산에 오른 적이 있습니다. 처음에는 호기롭게 시작한 큰아이의 발걸음이 점점 느려지더니 여기저기 앉을 곳을 찾느라 정신이 없습니다. "이 정도쯤이야" 하던 말은 "정상은 언제 나와?"로 바뀐 지 오래입니다. 그런 아이들을 보면서 우리 부부는 누가 먼저랄 것도 없이 이런 말을 주고받았습니다.

"인생은, 참 등산 같아. 결국 정상까지 가는 건 아이 스스로 해야 하는 거잖아."

맞습니다. 부모는 아이를 위해 물을 건네고, 땀을 닦을 수건을 줄 수 있지만, 산 정상을 향한 계단을 올라가는 것은 아이들의 몫입니다. 한 걸음씩 계단을 오르고 줄을 잡고 조금씩 나아가고 가쁜 숨을 몰아쉬면서도 자신의 체중을 견뎌내야 하는 것은 결국 아이들 스스로 감당해야 하는 일인 거죠. 부모가 해 줄 수 있는 것은 위로와 격려, 즉 등산 여정 가운데 아이가 완주할 수 있게 도와주고 말로 힘을 주는 것 이상은 없는 것 같습니다.

어제의 지식도 한순간에 버려지는 빠른 변화의 속도를 느끼는 요즘입니다. 학교 교육의 질적 변화는 여전히 더디지만 그것과는 상관없이 입시 제도는 해마다 변화하며 아이들을 혼란스럽게 합니다. A를 준비하라 해서 그렇게 했더니, B인지도 모르겠다는 의심의 소리들이 들려옵니다. 경쟁에 경쟁을 거듭하며 들어간 대학에서 오히려 갈 길을 잃은 20대들의 그냥 쉬고 싶은 무기력이 최고치라는 뉴스 기사도 보입니다. 그래서 초등 1, 2학년 때는 자신은 천재라고 의기양양하며 "서울대 그까짓거!"라고 자신만만하게 학교생활을 하던 아이들은 학년이 올라갈수록 자신감을 잃고, 공부를 힘들어하고, 막상 공부를 다 마치고도 자신만의 삶을 살지 못하는 모습을 보이기도 합니다. 대체 어디서부터 꼬인 문제일까요?

부모 말 습관 효과의 결정적 골든 타임

의학에서는 결정적 골든 타임이란 게 있습니다. 이는 사고 직후 생명을 살리는 중요한 결정적 순간을 뜻합니다. 심폐소생술에 결정적인 시간 즉, 골든 타임이 있듯이 아이를 키워 가는 과정에도 골든 타임이 있다는 생각이 듭니다. 아이의 초등학교 시기는 '이것'을 위한 골든 타임이라 할 수 있습니다. '이것'은 뭘까요?

이것은 아이들이 공부라는 산을 오르기 위해 부모가 꼭 잡아 줘야 하는 핵심입니다.

이것은 수학 선행보다 훨씬 중요한 것입니다.

이것은 유창한 영어 발음과 단어 공부보다 더 중요한 것입니다.

바로 '멘탈'입니다. 다른 말로 하면 삶을 대하는 '태도 만들기'라고도 할 수 있지요. 절대 학업량이 많아지는 중고등학교 시기는 태도를 잡아 주기에 너무 늦습니다. 아이들의 멘탈은 초등 시기가 골든 타임이라는 것을 기억해야 합니다. 멘탈의 중요성은 주변에서 쉽게 확인할 수 있습니다. 초등 때까진 부모가 무서워서 말을 잘 듣고 국영수 공부를 열심히 하던 아이들이 학년이 올라가면서 이탈하는 모습을 보게 됩니다. 정말 스스로 싸워야 할, 다시 말하면 스스로 등산을 해야 할 그 시기에 더 이상 올라가지 못하겠다고 주저앉고, 못하겠다고 포기하고, 올라가라고 재촉하는 부모와 싸우면서 부모 속을 태우기도 합니다. 아이들은 질질 끌려온 공부라는 등산에서 재미를 느끼지 못하고, 부모가 이끄는 속도대로 가는 것을 버티지 못하고 부모의 손을 거부해 버리기도 합니다. 저희는 사람들이 흔히 말하는 중2병을 이러한 상황의 또 다른 표현이라고 생각합니다.

저희가 유튜브를 시작한 것도 이러한 안타까움이 출발점이었습니다. 대한민국에서 공부를 놓을 수 없는 것이 현실이라면, 아이에게는 공부라는 등산을 즐길 수 있는 마음과 태도를 길러 주는 방법을 알게 하고, 함께 산을 오르는 부모들에게는 아이들과 좋은 관계를 맺는 것, 특히 말의 중요함을 전하고 싶었습니다.

아이들의 멘탈을 키워 주는 데는 어떤 게 필요할까요? 해병대 캠프 같이 극한 체험의 현장으로 몰아넣으면 아이들의 멘탈이 강해질까요? 저희는 그런 이벤트로 아이의 멘탈이 길러진다고 생각하지 않습니다. 아이들의 멘탈을 기르는 것은 돈이 들지 않는 부모의 말 습관, 부모의 대화 스킬이라 생각합니다. 특히 아이들이 부모와 대화하기를 좋아하고, 얘기할 기회가 중고등학교에 비해 상대적으로 많은 초등학교 시기에 부모의 말이 아이들에게 끼치는 영향은 지대합니다.

그런 마음으로 대화에 공들여 키워 온 저희 집 세 아이는 오늘도 자신의 자리에서 열심히 씨름하며 (많아진 학습량과 수행평가, 친구 관계 등) 매일 자신만의 레이스를 달리고 있습니다. 앞서 경험하느라 좌충우돌했지만 성실하고 꾸준하게 파워 J형의 디테일한 계획으로 승부를 거는 첫째, 누나의 경험을 지켜보며 자신의 루틴을 수정하고 관리하는 맷집이 생긴 스마트한 둘째(중2), 그런 형과 누나를 보고 부지런히 자신의 일과를 체크해 가며 아직은 초등 시기를 맘껏 놀면서 즐기는 막내(초6)! 이런 아이들을 보며 각자의 속도는 다르지만 자신만의 등산을 하는 아이들에게 저희 부부는 오늘도 나름 응원의 메시지를 보내며, 아이들과 마음을 나눕니다.

만약 저희 부부가 아이들의 초등생 때 키워야 할 태도나 멘탈, 대화에 신경 쓰지 않고 당장 국영수 선행과 공부량만 강조했다면 어땠을까요? 물론 조금 더 좋은 성적을 받을 수도 있겠지만, 어쩌면 더 많은 상을 받았을 수도 있겠지만, 저희는 그렇게 하지 않은 것이 너무 다행이라 생각합니다. 저렇게 아이들이 행복하게 자신의 일상을 사는 모습, 또 매일 해 나가야 하는 수행 과제들과 성실함을 요하는 일을 스스로 책임감 있게 하는 모습, 일상의 관계에서 만나는 자신의 고민을 부모에게 기탄없이 상의하고 마음을 나누는 모습을 보며, 저희는 초등 시기에 대화를 통해 아이들을 키우고 함께 한 방법이 맞다는 생각을 합니다.

부모의 말은 아이의 인생이 된다

이 책을 읽으시는 학부모님께 딱 한 가지 메시지를 전해야 한다면 이 말씀을 드리고 싶습니다. 태도를 어찌할 수 없는 중고등 때 발 동동 거리지 마시고, 부모와 대화하는 것을 너무 좋아하고, 부모의 말이 아이들 마음에 큰 영향을 줄 수 있는 골든 타임인 초등 시기에 아이의 공부 근력과 멘탈을 키워 주시길 부탁드립니다. 그것이 이어져 결국 아이의 인생이 되니까요. 비싼 과외나 돈이 많이 드는 해외 연수로 키워지는 것이 아니라, 오늘 아이와 눈을 마주치고 아이에게 반응해 주시는 부모님의 말 습관으로 만들어진다는 것을 꼭 기억해 주세요.

그럼, 이제 아이는 행복하고 부모도 뿌듯한 그 대화법을 익히기 위한 여정을 시작합니다.

차례

PART II

부모의 말이 달라지면 아이의 학업이 향상됩니다

PART I

**'좋은 부모·자녀의 관계'는
부모의 말에 달려 있습니다**

1장

반드시 오고야 마는
말조심의 시기

부모도 어린 자녀를
어려워할 수 있어야 합니다.

좋은 부모·자녀의 관계는
말로 시작된다

고분고분하던
우리 아이가 달라졌어요

"인간적으로, 방 좀 정리하고 공부해. 이게 뭐야!"

분명 1시간 전에 말한 것 같은데, 아이 방에 들어서는 순간 참았던 감정이 '쑤욱' 올라옵니다. 따지고 보면 방을 당장 치우지 않는다고 큰일이 나는 것도 아니고 아이 말대로 그게 뭐 대수도 아닙니다만, 사람 심리상 '엄마, 아빠가 말했는데 안 치웠다'는 사실 때문에 권위주의적 분노가 치밀어 오릅니다. 여기서 핵심은 '방을 당장 치우지 않는 것이 문제'라기보다는 '부모가 말했는데 아이가 그 말을 무시했다'는 것입니다.

부모의 말은 아이의 인생이 된다

한두 번이면 그냥 넘어가겠지만, 벌써 몇 번째 반복된다면 상황은 달라집니다. 부모는 아이를 잡게 되고 아이는 아이대로 감정적으로 격해집니다. 그때부터 부모는 학원 출결, 성적, 인성 등 다른 문제까지 굴비 엮듯 엮어 가며 "네가 이래서 되겠냐!" 등의 잔소리를 하고, 아이는 부모의 이런 반응에 황당해합니다. 이렇게 부모와 아이의 관계가 더욱 멀어져만 갑니다.

부모에게 더 고통스러운 점은 아이들의 학년이 올라갈수록 이런 상황이 빈번해진다는 것입니다. '외계에서 온 낯선 어른아이(?)' 같은 아이를 보면 어릴 때 마냥 해맑게 웃으며 엄마만 봐도 좋았던 때가, 아빠만 봐도 달려들며 안기던 때가 정말 있었나 싶습니다. 아이는 성장하면서 자기주장이 생겨나고, 감정이 세분화되며, 비판 의식이 자라납니다. 무조건적으로 사랑한다며 우리를 봐 주던 아이는 부모의 무례한 말과 행동에 이제는 'STOP!'이라고 외치듯 반응하고, 어엿한 존재로서 인격적 대우를 원하기 시작합니다.

한 전문가는 부모가 아이를 자신의 감정대로 대하는 것을 '아이에게 하는 갑질'이라고도 했습니다. '갑질'이라고 하면, 힘이 있고 위계적으로 우위에 있는 사람이 약자인 을에게 부당한 행위를 하는 것이라 정의 내리고 있으니 틀린 말도 아닌 듯합니다. 부모의 권위를 내세우며 아이에게 얼마나 강압적으로 요구하고, 나아가 격한 감정을 아무렇지도 않게 드러내고 있는지 돌아보게 하는 표현이죠. 때때로 무례하고 감정적인 부모의 말을 아이가 순순히 받아들이는 시기는 최대한 길게 본다고 해도 초등학교 저학년, 아이 성향에 따라 고학년 전후면 끝납니다. 더욱이 그간 부모가 어떤 말을 했느냐에 따라 추후 관계가 결정되니 아이와의 '말'에 신경 쓰지 않으면 더 큰 폭탄으로 돌아옵니다.

사춘기 때 복리 이자로 돌아오는
부모의 말 투자

"어머! 그랬어? 진짜 너무 웃기다."

"○○이가 옷을 뒤집어 입고도 당당하게 다녔다는 거지? 푸하하!"

아이의 시답잖은 말에도 뒤로 넘어갈 듯 웃어 주는 지인이 있었습니다. 그때 저는 막 결혼해서 아이가 없는 상태였고, 지인은 두 아이가 있었지요. 당시 일곱 살 딸아이 말에 과장하며 웃는 지인의 모습이 어이없기도 하고 진짜 그리 웃긴지 궁금해서 아이가 없을 때 조용히 물었습니다.

"진짜 승희 말이 그렇게 웃겨?"

제 말에 지인은 눈을 찡끗 하더니 아이를 낳고 키우는 지금까지도 잊히지 않는 말을 했습니다.

"아이와의 관계는 투자야. 지금 내가 아이를 대하는 방식이 나중에 아이가 나를 대하는 방식이 될 거야! 결국 준 만큼 부모도 돌려받는다. 그러니 투자를 잘해야지!"

지금도 다 큰 아이들과 여전히 행복하게 잘 지내는 지인을 보면서, 이게 다 아이들 어린 시절에 지인이 잘 투자한 결과가 아닐까 생각해 봅니다.

우리 부부의 경우, 세 아이를 키우면서 가장 투자를 못한 아이는 첫째인 듯합니다. 아이를 처음 키우는 초보 부모가 그렇듯 모든 면에서 미숙했고 애를 쓴다고는 했지만 마음만 앞섰을 뿐, 혼을 내야 하는 상황도 아닌데 혼을 내고 사랑 표현도 제때 많이 하지 못했습니다. 돌이켜보면, 아이에게 무조건적으로 사랑을 표현하는 것이 예의 바른 아이로 키우고 싶다는 바람과는 맞지 않다고 판단했던 것 같습니다. 더군다나 첫째 아이는 사랑 표현을 구체적으로 요구하거나 안아달라고 떼쓰는 아이가 아니라 무던하고 부모를 잘 배려하는 아이였으니, 그저 '순한 우리 아이, 잘 크고 있네!'라고 생각했지요. 하나하나 챙겨 주지 않아도 자기 일을 스스로 하는, 말하지 않아도 부모 마음을 알아서 읽어 주는 딸이었으니까요.

그래서일까요? 사춘기에 접어든 아이 입에서 상상도 못했던 말이 나왔습니다. 아이 마음속에 자리 잡은 우리 부부의 모습이 '동생들만 챙기는 엄마', '공부만 강조하는 아빠'인 것을 깨닫고 우리는 적잖이 당황했습니다. 그야말로 동상이몽이었죠. 우리가 생각하는 부모로서의 우리 모습과 아이가 생각하는 우리의 모습은 매우 달랐고, 그 거리감은 생각보다 컸습니다.

상황이 이렇다 보니, 초등 고학년이 된 아이에게 우리 부부의 요구는 잔소리로만 들렸는지, 우리는 아이와 사사건건 부딪치기 시작했습니다. 그나마 다행인 것은 늦게나마 우리의 잘못을 인식하고 첫째 아이와의 관계를 건강하게 만들기 위해 집중적이고 애정 어린 투자를 통해 아이와의 관계를 회복할 수 있었다는 겁니다. (그 방법은 '4장 사춘기 자녀와의 대화를 여는 방법'에서 자세히 다루겠습니다.)

아이들은 언제나 (정말 수시로) 부모의 사랑을 확인하고 싶어 합니다. 그런 아이에게 사랑을 적절히 제때 표현하는 것이 부모에게도 유익합니다. 표현된 사랑, 아이에게 투자된 관심과 에너지는 후에 커다란 수익률로 돌아오기 때문입니다. 오래 걸리지도 않습니다. 바로 '사춘기'만 되어도 거둘 수 있는 복리 이자로 돌아옵니다. 이렇게 확신하며 말씀드릴 수 있는 것은 우리가 첫째 아이 때 겪은 경험으로 둘째 아이와 셋째 아이 때 시행착오를 훨씬 더 줄일 수 있었기 때문입니다.

특히 사춘기 아이는 '딱 부모와 아이가 맺어온 그간의 관계만큼만' 부모의 말을 들어 줍니다. (절대 공식이니 외워 두시길 권합니다.) 아이는 부모의 사랑에 부응하고 싶은 만큼만 반응하니까요. 부모의 사랑을 절댓값(부모는 당연히 자식을 사랑하지! 그걸 꼭 표현해야 알아?)으로 믿고 부모 말을 따르는 시기는 휙 지나가 버리고, 사랑의 표현 값(부모가 아이를 말과 행동으로 인정하고 존중하는 것)으로 부모의 말을 그나마 경청하는 시기가 생각보다 빨리 도래합니다. 아이에게 사랑 표현이 인색했고 투자한 사랑과 관심이 적었다면, 사춘기 시기에 부모가 아무리 옳은 말을 해도 아이의 가슴에 닿지 못합니다. 사춘기의 고비를 잘 넘기고 아이와 평생 건강하고 친밀한 관계를 맺고 싶다면, 지금은 아이에게 관심과 시간과 사랑을 투자할 시기입니다. 그 투자의 첫 번째 단계는 부모의 '말 습관'을 바로잡는 '말 공부'입니다.

신뢰가 쌓이는
부모의 말 습관

화, 내도 되는데
방법은 바꾸세요

사실 정신을 차리고 보면 '내가 왜 이렇게까지 화를 내지?' 싶은 순간이 생각보다 많습니다. 사안에 비해 화가 아주 크게, 다분히 감정적이게 드러날 때가 있기 때문인데요. 이런 이유로 심리학에서는 화가 난 진짜 원인을 찾고, 그 원인을 객관적으로 바라보길 권합니다. 하지만 화가 어디서부터 비롯되었는지 찾고 객관적으로 바라보는 데는 시간이 걸립니다. 우리 부부도 세 아이를 키우면서 마음에 욱하는 감정이 올라오는 순간이 참 많았습니다. 그러다 보니 그런 순간에 마음을 다스리는 우리 부부만의 방법을 터득하게 되었죠.

부모의 말은 아이의 인생이 된다

일단은 심리학적인 관점과 접목하여 '숨 고르기'를 합니다. 참고로 뇌 전문가에 의하면, 감정을 관장하는 뇌의 영역과 이성을 관장하는 뇌의 영역은 살짝 떨어져 있다고 합니다. 그래서 내 자신이 지금 매우 감정적으로 굴고 있다는 생각이 들면, 잠시 숨을 고를 마땅한 장소를 찾아야 합니다. 열받은 감정을 잠재우기 위해 조금은 떨어져 있는 이성에게 전달 신호를 보내야 하니까요. 물론 필요한 화는 잘 내야겠지만, 그마저도 최대한 감정을 섞지 않아야 합니다.

세 아이를 키우다 보면 화도 화지만, 시행착오를 향해 달려가는 아이를 붙잡아 앉히고 부모가 생각하는 성공의 지름길을 알려 주고 싶은 마음이 들 때도 많습니다. 물론 아이들 입장에서는 부모가 성공의 고속도로를 알려 준다고 해도 자기가 원하는 방식대로 하고 싶은 고집이 있기 마련이니 속이 타는 것은 언제나 부모입니다.

이때 우리 부부는 나중에 우리가 늙어서 아이의 도움을 받아야 할 때를 떠올려 보기로 했습니다. 지금 이 아이를 존중하는 것이 먼 저라는 생각을 다시 한번 되새기며, 우리가 하고 싶은 대로가 아니라 우리가 받고 싶은 대로 아이를 대하기로 마음먹었습니다. 그러려면 화가 날 때 잠시 자리를 뜨는 것은 필수입니다. 물론 쉽지 않지만, 하다 보니 되는 순간이 왔습니다. 대화는 이렇게 시작합니다.

"음, 엄마가 생각할 시간이 좀 필요해서 이따가 다시 이야기하는 게 좋겠어."

"아빠가 지금 좀 이해가 안 되니 생각해 보고 이야기하자."

또 하나 우리 부부가 자주 이용하는 방법 중 하나는 메신저 활용입니다. 평소에도 '카톡'으로 아이들과 대화를 많이 하고 가족 대화방도 있지만, 화가 날 때 이를 활용하는 것이 특히 효과적입니다. 이모티콘을 적절하게 쓰면 자칫 무거울 수 있는 분위기를 바꿀 수 있어서 저희는 애용하는 편입니다. 감정의 뇌와 이성의 뇌의 거리를 염두에 두고 쓰기 시작하면 어느덧 감정의 뇌가 진정되면서 이성의 뇌가 주도하는 글을 쓰게 됩니다.

> 딸, 아빠도 기분이 안 좋을 때가 있어.
> 너 잘되라고 한 말인데 네가 짜증난 얼굴을 하면 아빠도 속이 상해.
> 그래서 좀 이따 말하자고 한 거야.
> 속이 상하든 아니든 널 사랑하는 마음은 변치 않으니
> 다음에 다시 이야기하자.

이런 맥락에서 '화가 나면 펜을 잡는다'는 한 지성인의 말이 크게 와닿기도 합니다. 이런 식의 감정 조절 방법은 고스란히 아이에게 전달될 것이라고 믿습니다. 또한 언젠가 아이도 뜻하지 않게 답답한 일이나 관계 문제를 겪게 될 때 이런 인내를 발휘하지 않을까 기대해봅니다. 실제로 고등학생이 된 큰아이는 자기의 속상한 마음을 가득 담아서 카톡으로 편지를 보내기도 한답니다. 이렇듯 지금 우리의 방식이 멀지 않은 훗날에 우리 아이가 화가 날 때 우리를 대하는 방식을 결정합니다.

생각지도 않게 아이에게
'상처가 되는 말'

자기 정체성을 만드는
I와 M(Me), 타인

대한민국 부모라면 모두가 하는 말 실수가 있습니다. 무엇일까요? 그것은 '아이를 옆에 두고 아이를 평가'하는 실수입니다. 평가뿐 아니라 아이를 옆에 두고 어른들끼리 아이에 대한 생각을 이러쿵저러쿵 나눌 때도 많습니다. 어릴 적 저는 부모님과 친척들의 대화에서 "쟤 안 낳으려고 하다가……"라는 말을 여러 번 들었습니다. 저희 세대는 형제 많은 가정이 많아서 이런 말을 들어 본 사람들도 있을 것입니다. 그런데 어른들이 이렇게 무심코 던진 말들은 (횟수가 반복될수록) 잘 잊히지 않을 뿐더러 아이의 정체성에 지대한 영향을 끼칩니다. 심리학에서는 인간의 정체성에 영향을 주는 요소로 다음 2가지, I(내가 인식하는 나의 모습)와 M(주변이 인식하는 나의 모습)을 듭니다.

M은 '나를' 바라보는, 즉 객관적 입장에서 보여지는 나를 뜻합니다. 그런데 여기서 중요한 점은 내가 생각하는 I는 주변이 말하는 M에 의해 만들어진다고 해도 과언이 아니라는 사실입니다. 부모님과 주변 어른들의 "쟤 안 낳으려 했다"라는 말, 그들의 입장에서는 큰 의미를 두지 않고 던진 말이 내가 인식한 나인 I를 꽤 힘들게 했으니까요. 결정적인 순간에 자신감이 사라져 버리고, 스스로 해낸 결과물에 확신이 들지 않는 열등한 마음이 대체 어디서부터 시작된 것일까요? 그 고민의 시작은 어릴 적 부모와 주변 사람들의 태도였음을 부인할 수 없습니다.

그렇다면 이러한 '정체성'을 아이의 개성에 맞게, 건강하고 자존감 있게 만들어 주기 위해서 부모는 어떤 노력을 해야 할까요? 요즘 부모님들은 기성 세대와 달리 '부모 공부'도 많이 하고, 아이 양육과 교육에도 관심이 많아서 아이의 자존감 높이기에 공을 많이 들입니다. 칭찬과 공감, 지지로 아이의 기를 살려 주고자 노력하기도 하고요. 그런데 이러한 노력보다 반드시 먼저 해야 할 것이 있습니다. 그것은 바로 '결정적인 실수를 줄이는 것'입니다.

많은 부모가 타인이 자신의 아이를 깎아내리는 것을 잘 참지 못합니다. 일상에서 "당신이 뭔데, 우리 아이를 혼내?"라든가, "당신 아이나 잘 키워. 누구한테 훈계질이야!"라는 언쟁을 심심치 않게 봅니다. 그런데 잘 생각해 보면 정작 타인의 지적보다 치명적인 것은 바로 매일 얼굴을 대하며 사는 부모의 한마디 한마디입니다.

"아니야, 잘하기는 무슨!"

A 어머, 지수야, 이번에 시험 잘 봤다며? 정말 축하해!

B 아니야, 이번에 시험이 쉬웠대. 다들 그 정도는 하지!

C 서하는 영어를 어쩜 그렇게 잘하니? 깜짝 놀랐잖아.

D 에이, 얘보다는 얘 오빠가 더 잘해.

어떤 상황인지 머릿속에 그려지나요? 어딘지 익숙한 느낌이 폴폴 올라옵니다. 아이를 칭찬하는 지인의 말에 아이에게 겸손을 가르치기 위해서인지, 아니면 칭찬이 민망하고 쑥스러워서인지 다른 말로 둘러대며 지인의 칭찬을 무마시키는 부모의 모습 말입니다.

자녀에 대한 칭찬이 좋으면서도 쑥스럽고, 마치 내가 나를 칭찬하는 것과 같은 느낌에 "고마워, 우리 딸 잘해!"라고 인정하는 것에 인색하고 행여 재수 없게 보일까 봐 걱정합니다. 문제는 이런 상황이 당사자들 앞에서 펼쳐진다는 것입니다. 정체성이 형성된 성인이 되어도 타인의 평가에 민감하고 좋지 않은 평가에는 신경이 쓰이는데, 아이들이야 말해 무엇할까요? 자신이 열심히 노력해서 얻은 점수를 겸손하게 보이기 위해 부모가 평가절하한다면 아이들은 생각보다 더 많이 서운할 수 있습니다. 그 서운함은 거기서 그치는 것이 아니라 'M-나를 그렇게 생각하고 계시는구나'가 되어 정체성 'I-나'로 굳어질 수 있습니다. 이러한 상황은 남편이 아내 앞에서, 아내가 남편 앞에서 아내나 남편 당사자의 험담을 아무렇지 않게 하는 것과 크게 다르지 않다는 것을 기억해야 합니다.

어느 강연에서 들었던 '아이의 귀는 매우 크다'라는 말이 기억에 남습니다. 우리 집 아이도 자기 이름만 나오면 "방금 내 이야기했지?" 하며 쪼르르 방으로 달려옵니다. 부모가 지나가며 하는 말이라도 아이를 깎아내리는 말은 아이 귀에 반드시 들립니다. 부모가 아이에 대해 한 말은 아이 자신에 대한 인식, 즉 정체성인 'I'를 만드는 데 큰 역할을 한다는 것을 강조하고 또 강조하고 싶습니다.

"응, 이번에 노력 많이 했어"

타인이 아이를 칭찬할 때 어떻게 대응하면 좋을까요? 자칫하면 자만한 아이를 만들 것 같아서 칭찬에 인색해진다는 부모님도 많이 계신데요. 자만은 '오로지 나만 옳다'라는 건강하지 않은 프레임에서 나오는 태도입니다. 부모의 진심 어린 칭찬으로 아이가 자만해지진 않습니다. 오히려 건강한 칭찬을 받은 아이는 타인도 그런 관점으로 바라봅니다. 따라서 타인 앞에서 습관적으로 아이를 깎아내리는 불편한 겸손보다는 사실 그대로를 인정해 주는 자세가 좋습니다.

부모의 말은 아이의 인생이 된다

A 와, 이번에 희진이 시험 잘 봤다면서?

B 응, 우리 희진이가 이번에 노력 많이 했어.

C 정말 그림 잘 그렸다.

D 딸아이가 2시간이나 신경 써서 그렸어!

이렇게 아이의 노력과 과정을 인정해 주는 정도로 받아 주는 것입니다. 덧붙여 아이가 옆에 있다면 "그렇지? ○○가 노력 많이 했지? 칭찬 감사합니다, 라고 말씀드려"라고 알려 주세요. 그러한 감사 표현은 고스란히 습관이 됩니다. 중학생쯤 되는 아이들이 어른들의 칭찬에 씩씩하게 "감사합니다!" 하는 모습을 떠올리면 참 흐뭇하지 않나요?

> 99

생각지도 않게 아이를
'좌절시키는 말'

"어머니, ○○는요
기초가 너무 안 되어 있어요"

"애가 학원에서 레벨 테스트를 받고서 그 학원은 쳐다도 안 봐!"

아이가 학원에서 수학 레벨 테스트를 받은 후 그 학원은 절대 가지 않겠다, 수학도 하기 싫다고 선언해서 친구가 걱정하며 한 말입니다. 그런데 생각해 보면 레벨 테스트가 뭐 별건가요? 학원에서 아이의 학업 향상에 필요한 도움을 주기 위해 아이의 현 상태를 파악하는 것 그 이상도 그 이하도 아닌데 말이죠.

문제는 아이에게는 레벨 테스트가 그리 간단한 게 아니라는 것입니다. 단순히 나의 실력을 가늠하는 테스트에서 끝나는 것이 아니

부모의 말은 아이의 인생이 된다

라, 그 평가를 기준으로 아이 자체를 평가하며 깎아내리는 모습도 흔히 있는 일이죠.

"어머니, ○○는 기초가 너무 안 돼 있어요. 이대로는 저희 수업 따라가기 어려워요."

"이건 문제가 좀 심각한데요."

학원 상담실장의 말을 들으면, 마치 아이에게 아주 큰 문제가 있는 것처럼 느껴집니다.

"아휴, 그동안 좀 많이 놀게 두셨나 봐요."

"○○는 다른 친구들과 같은 수업은 듣기 어려울 것 같아요. 따라가기 힘들 수 있으니, 기초부터 다시 시작해야겠어요."

학원 상담실장의 피드백이 이렇게 어마어마하니 아이들 마음에 쌓이는 건 두터운 상처뿐입니다. 친구의 이야기를 다 들은 저는 조심스럽게 친구에게 물었습니다.

"결과를 듣는 자리에 아이도 같이 있었어?"

"그랬지. 같이 듣고 스케줄을 짜야 하니까."

친구는 아무렇지도 않게 말했지만, 저는 '아차! 여기서 어긋나 버렸구나' 하는 생각이 들었습니다. 부모 혼자 듣기에도 민망하고 기분이 안 좋아지는 말을 아이가 함께 들어야 했다니. 아울러 저는 이런 상황에 결코 동의할 수 없다는 생각이 들었습니다. 아직 갈 길이 멀고, 지금의 성적이야 노력해서 올리겠다는 마음으로 학원 문을 두드린 것일 텐데, 굳이 아이를 낙오자로 만들어 가며 상담을 받을 이유가 있을까 싶었습니다.

사소한 배려가
아이의 마음을 보호합니다

테스트 평가 자리에서 이렇게 아이를 배려한다면 어떨까요?

"○○아, 수고 많았어. ○○이가 어떤 과목을 들을지 결정해야 하는데, 선생님과 이야기 나눠 볼게. 잠시 나가서 쉬고 있어."

그 후 아이가 들어갈 반을 추천받고, 그 레벨에 따라 수순을 밟으면 되는 것입니다. 물론 아이를 학원에 맡기는 부모의 입장과 아이를 맡는 학원의 입장은 다를 수밖에 없습니다. 그렇다 해도 아이를 기죽이는 말을 한껏 늘어놓고 부모를 불안하게 하는 학원 마케팅에는 절대 동의할 수 없습니다.

"우리는 아무 아이나 받지 않아요"라고 하는 학원들도 있습니다. 마치 회원권이 있어야 출입할 수 있다는 식으로 위화감을 조성하는 말투입니다.

"한참 늦었습니다!" 선행 학습 시기를 놓쳤다는 이유로 마치 모든 부분에서 도태된 듯 불안감을 심어 주는 학원도 있지요. 그런 말들에 마음이 상하고 뒤숭숭해지는 건 어쩔 수 없습니다. 그런 말들은 결국 늦었다는 불안감과 초조함을 심어서 학원에 등록하게 하려는 심리적 전술일 뿐, 내 아이를 향한 진심 어린 조언은 될 수 없습니다. 그러니 그 불편한 마케팅 현장에 아이와 같이 앉아 아이 마음에 상처를 입히고 부모가 상처를 입는 일은 없어야겠습니다.

잊지 맙시다. 정체성을 형성할 시기에 우리 아이들의 귀는 엄청 커져 있습니다. 자나깨나 말조심! 우리 아이가 M에 관한 긍정적 이야기를 많이 듣고 자라나 건강한 I로 성장할 수 있도록 조금만 더 신경을 써 주세요.

신뢰로 아이를 바꾸는
부모의 설득법

"그걸 말로 해야 해?"
아이는 말해야 안다

심리학에 '투명성 착각(Illusion of Transparency)'이라는 말이 있습니다. 쉽게 말해서 '그걸 내가 꼭 말해야 알아?'라는 생각을 표현한 말입니다. 즉, 자신이 말을 하지 않아도 자신의 속내를 상대가 알 거라고 생각하는 것입니다. 이러한 착각은 가족, 친구 등 비교적 가까운 사람에게서 더 자주 나타납니다. 이 이론을 아이 문제에 적용해 보면, '이 정도는 당연히 알겠지'라는 생각이 문제를 키울 수 있습니다. 가령 이유를 설명하고 이야기를 나누기보다는 '문을 쾅! 닫고 들어가는 일이 혼날 문제라는 것은 아이도 알 테니'라는 전제

하에서 그냥 행동 결과만 가지고 호통을 치는 것이지요. 그러나 정말 중요한 것은 질책하기 전에 왜 그런 행동이 문제가 되는지, 그런 행동이 반복되면 결국 누구에게 어떤 손해를 입히게 되는지 시간이 들더라도 차근차근 알려 줘야 합니다.

어린아이일수록
더욱더 설득이 필요하다

한때 우리 집 막내 아이가 매번 귀가 약속 시간을 어긴 적이 있었습니다. 그러던 어느 날 밤이 어두워져도 아이가 들어오지 않고 전화도 받지 않는 일이 벌어졌죠. 아이는 8시가 되어서야 들어왔습니다. 순간 욱하는 감정이 밀려왔지만, 화를 내는 것보다 왜 이 시간에 오는 것이 문제인지를 이야기해 주는 것이 더 중요하다는 생각이 들었습니다. 화를 내면 아이에게 두려움을 줄 수 있지만, 나중에 두려운 존재인 부모가 없으면 언제든 같은 사건이 반복될 수 있기 때문입니다. 그래서 두려움을 심어 주는 것보다 더 중요한 '그런 행동이 아이에게 미치는 영향'을 알려 줘야겠다고 생각했습니다.

"아들! 엄마, 아빠가 걱정하는 건 밤늦게 들어오다가 마음 나쁜 사람이 혹시라도 너를 집이 아닌, 다른 곳으로 데려가 버릴지 모르기 때문이야."

"물론 세상에는 좋은 분들이 훨씬 많아. 그런데 뉴스 본 적 있지? 대부분 슬픈 일은 깜깜한 밤에 일어나. 그래서 어두워지기 전에 들어오면 좋겠어. 어두워지는데도 모를 정도로 재미있었던 거야?"

아이 셋을 키우다 보니, 이런 대화는 중학생이 되면 어려워진다는 것을 알았습니다. 그때는 초등학교 때 쌓아둔 신뢰 관계를 바탕으로 짧게 표현할 수밖에 없기 때문이지요. 아직 아이가 부모 말에 귀를 기울이는 이 시기, 그래도 엄마, 아빠의 한마디가 중요한 이 시기에 우리 아이와 깊은 대화를 자주 나누는 것은 정말 의미가 큽니다.

아이는 피구 하느라 늦었고 너무 재미있었다고 했습니다. 아이의 말을 들은 후, 우리는 이런 일을 반복하지 않겠다는 약속을 다짐하는 글을 쓰라고 했고, 아이는 나름대로 자신이 이해한 바를 잘 표현해서 앞으로의 다짐을 작성했습니다.

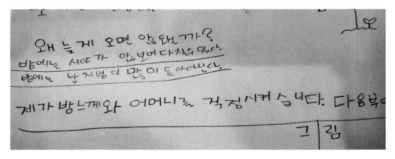

아이의 다짐 글쓰기

부모의 말은 아이의 인생이 된다

아이를 납득시킬 때 가장 중요한 핵심은 'Why'입니다. 아이들을 붙잡고 꼭 설명해 줘야 하는 중요한 이유는 또 있습니다. 아이들의 무례한 행동(부모를 째려보거나 문을 쾅 닫고 들어가는 행동 등)을 그냥 두면 '집에서는 그래도 된다'라고 암묵적으로 합의가 돼 버리기 때문입니다. '어휴, 속상해서 그런 걸 테니까 넘어가자'라고 방치하는 것은 아이에게는 '엄마 아빠한테는, 집에서는 그래도 돼!'가 된다는 사실을 잊지 마세요. 어릴 때 이런 부분을 설득하며 납득시키지 않으면 사춘기 때는 아이의 행동이 더 거세집니다. 물론 매번 아이를 붙잡고 이야기하는 것은 분명 에너지가 드는 일이지만, 그 에너지를 아이 초등학교 때 잘 쏟아주면 중학교 이후 아이와의 소통이 훨씬 나아집니다.

우리 가족은 아이가 아주 어릴 때엔 매주 1번, 초등학교 때는 매월 1번, 그리고 아이들이 중학생, 고등학생인 지금은 사안이 있을 때마다 '가족회의'를 합니다. 가족회의가 좋은 이유는, 불편한 이야기를 서로 여과 없이 나누고 대화 중에 나온 의견을 가지고 가족의 규칙을 만들 수 있기 때문입니다. 이때 아이들이 편안하게 이야기할 수 있게 하고, 우리 부부는 그 의견을 반드시 반영합니다. 이 가족회의는 아이들이 사춘기 때 힘을 발휘했습니다. 약속된 휴대폰 사용 시간을 어기는 상황, SNS를 너무 많이 하는 문제 등을 가족회의 때 솔직하게 이야기하고, 논의한 바를 기준으로 다시 규칙을 만드는 등의 합의를 이루어 냈기 때문입니다. (휴대폰 사용 시간을 정해 뒀는데 그 약속을 계속 어긴다면 "시간이 더 필요한 거니?" 등의 질문을 하며, 절대 강압적으로 결정해 통보하지 않습니다.)

잠깐 회의하자고 제안할 때 사춘기 아이들이 이제는 습관이 되어 자연스럽게 참여하고 발언하는 모습을 보면서, 어릴 적부터 회의하기를 잘했다고 생각한 적이 많습니다.

건강한 성인의 특징 중 하나인 '자율성이 높은' 사람으로 아이를 키우기 위해 부모가 신경 써야 할 것 중 하나는, 설득적인 근거를 아이에게 제시할 수 있어야 한다는 연구 결과가 있습니다.

'굳이 이런 소소한 설명까지 다 해야 하나' 하며 넘어가지 마세요. 흥미롭지 않거나 기분 좋지 않은 상황에서 내키지는 않지만 상대를 배려했을 때의 가치나, 참기 힘든 상황에서 끝까지 견디고 난 후의 뿌듯함에 대해 아이에게 설명해 주세요. 또 부모 역시 그런 삶을 살아낸다면, 아이들의 사춘기는 생각보다 그리 큰 문제가 되지 않을 수 있습니다. 사춘기가 초등 저학년으로까지 내려갈 일은 더더욱 없을 거고요.

2장

자녀의 자존감을 높이는
부모의 말 습관

자녀 교육의 핵심은 지식을 넓히는 것이 아니라
자존감을 높이는 데 있다.

— 레프 톨스토이

아이의 자존감을 높이는
부모의 결정적인 말

"엄마, 민규가 80점 맞았다고 자기 집에 가면 엄마한테 엄청나게 깨질 거라고 걱정했는데, 집에 오다 딱 민규 엄마를 만났어. 걔네 엄마가 점수 듣더니 분위기가 심상치 않았어. 민규, 큰일 났다."

친구의 점수 이야기를 야단스레 늘어놓는 아이를 보며, 자신은 100점을 맞았으니 저런 말을 하겠지 싶었습니다. 그래서 아이에게 점수를 물었습니다.

"나? 70점! 그런데 엄마, 아빠는 노력했으면 빵점 맞아도 괜찮다고 했잖아. 그치?"

'제 발등을 제가 찍는다'라는 표현이 딱 이런 상황에 들어맞는 말이죠. 갑자기 표정 관리가 안 되고 기분이 매우 나빠지는 동시에 화가 날 듯 말 듯한 감정이 치솟아 엄마인 저 역시 당황했습니다.

부모의 말은 아이의 인생이 된다

무엇이 정답인지 알면서도 현실에서는 오답의 행동이 벌어집니다. 이미 코에서는 콧김이, 입에서는 험한 말이, 눈에서는 눈 흘김이 발사되죠. 아이에게 잘 알아듣도록 말해서 다음에는 이런 일이 없게 하겠다며 쉴 새 없이 잔소리를 늘어놓고 이것은 타당한 훈육이라고 합리화하기도 합니다.

잘 생각해 보면 우리 사회에서 아이를 잘 키우고 있다는 근거의 기준은 대체로 '성적'에 국한되어 있습니다. 그래서인지 좋은 학교에 가는 것, 영어를 유창하게 하는 것, 학교에서 임원을 하거나 좋은 성적을 거두는 것에 집착합니다. 아마 다른 방법으로 보여 줄 수 있다면 부모들의 태도도 달라지겠지요. 하지만 현실이 이렇다 보니 아이를 잘 키워 보겠다는 일념으로 어느새 진상 부모가 되어 가는지도 모른 채 부모의 품위를 잃어버리고 나중에 크게 후회하는 경우도 많습니다.

스티븐 코비의 《성공하는 사람들의 7가지 습관》에 성공하는 사람은 자극과 반응 사이에 '선택'이 존재하게 한다는 말이 있습니다. 자극과 반응 사이에서 선택을 잘하는 사람, 즉 반응의 수준이 높은 사람이 성공한다는 것이죠. 그렇다면, 자녀 교육 현장에서 성공하는 부모가 되려면 자극과 반응 사이에 선택의 시간과 공간을 어떻게 확보할 것인가가 중요하다고 생각합니다. 자극이 곧 반응으로 이어지는 순간, 쉽게 실수하고 곧 후회할 행동을 하게 된다는 것은 아마도 대부분의 부모님이 인정하는 경험일 것입니다.

공부시킨다는 미명하에
아이 자존감을 꺾는 부모의 말

"집중하라고 했지? 집중! 한 번만 더 틀리면 그땐 손 드는 거야."

아이가 실수를 반복하면, 어느새 부모의 목소리도 커집니다.

"거 봐. 이렇게 잘하면서, 꼭 엄마가 큰소리 쳐야 하니? 잘했어!"

결과가 좋으면 대개 이렇게 마무리되지만, 아이가 계속 답을 틀리면 그때는 험한 말이 난무합니다.

"그만둬. 아휴, 진짜 넌 누구 닮아서 그러냐? 내가 무슨 영화를 보겠다고 이러는지" 등의 두서없는 잔소리를 퍼붓고, 그 후에 후회하며 맘카페 같은 커뮤니티 공간을 찾습니다. 분노를 폭발한 다른 엄마들의 사연을 보고 '나만 그런 것도 아니네. 다 그러고 사는 거지' 하는 셀프 위로와 공감을 하기도 합니다. 하지만 이미 아이와의 정서적 거리는 그만큼 멀어진 상태라는 사실은 어쩔 수 없습니다.

기대에 못 미치는 아이의 행동에 대한 부모의 즉각적인 반응은 '통제'입니다. 아이의 둔감한 이해력, 생각 없이 대충대충 하는 모습, 짧은 집중 시간과 산만한 태도에 화가 나고, 그래서 잔소리를 퍼붓는 것은 어찌 보면 당연한 수순 같습니다. 의식적으로 나의 반응을 선택하지 않는다면 아이에게 잔소리를 끊임없이 하게 되고, 그것은 어느덧 아이의 마음에 깊은 상처로 남을 수 있습니다.

우리 부부도 그랬습니다. 세 아이를 키우다 보니, 비교적 부모 말을 척척 알아듣는 아이가 있는가 하면, 공부 시작 단계부터 산만한 아이, 공부하자고 하면 아프다는 아이도 있습니다. 반응도 제각각이었죠. 그러던 어느 날 한 아이가 슬며시 말합니다.

"엄마랑 아빠는 형을 제일 좋아하는 것 같아."

"왜?"

"형은 칭찬 많이 받잖아. 나는 공부도 못하고."

그 순간 아차, 싶었습니다. 아이들은 학업에 대한 부모의 반응을 보고 '공부 잘해야 엄마, 아빠에게 사랑 받는다'라는 공식을 만듭니다. 말은 안 해도 아이들은 다 알고 있습니다. 부모가 누구에게 좋은 말을 많이 하고, 누구에게 잔소리를 많이 하는지 말이죠. 따라서 부모가 의식적으로 선택해 반응하지 않는다면, 공부 잘하는 자녀는 계속 칭찬받지만 그렇지 못한 아이들은 칭찬받을 기회가 거의 없게 됩니다. 그런 경험이 반복되면 아이는 자기 자신을 공부에 열등한 아이로 평가합니다. 나아가 그 평가는 '스스로 괜찮지 않은 존재'라는 인식이 되어 자존감에도 영향을 미칩니다. 그런 여파를 생각하자 정신이 번쩍 들어 얼른 아이를 품에 안았습니다.

"아이고, 우리 막내가 그렇게 느꼈구나! 그럼 우리가 사과해야겠다. 형이 문제집을 잘 푼 건 사실이야. 그래서 칭찬해 준 거고. 하지만 칭찬하는 것과 사랑은 또 달라! 엄마가 길 가다가 휴지를 줍는 아이를 칭찬할 순 있지만, 그 아이를 너보다 더 사랑하진 않잖아?"

"(생각에 잠기는 귀여운 아이 표정) 아!"

"그리고 너는 네가 공부를 못한다고 생각하고 있구나? 공부는 필요하면 평생 하는 거라서 '더 나아지고 있구나', '조금 더 해 보자'라고 생각하는 거지, 못하고 잘하고는 없어."

아이가 이해할 수 있도록 이야기한 후, 우리 부부는 한참 대화를 나눴습니다. 보이는 대로, 표현하는 대로 '사랑'을 믿어 버리는 아이의 시선을 놓쳤다는 것을 반성하면서 말이죠. 또 다짐합니다. 혹여 아이가 우리가 바라는 만큼 공부를 못하더라도 무궁무진한 아이의 인생을 사랑하고 안아 주는 쪽을 반드시 최우선으로 선택하겠다고요.

공부만 하면 짜증 내는
아이에게 필요한 말

　저희 세 아이 중 두 아이는 이제 중학생, 고등학생입니다. 그런데 이 아이들이 초등 때부터 공부를 잘하다가도 갑자기 짜증을 내고 속상해하는 시점이 있습니다. 정도의 차이는 있지만 지금도 여전히 가족에게 그 마음을 편하게 드러냅니다. 바로 '공부에 대한 저항감과 짜증', '공부의 어려움'을 토로하는 것입니다.

　어느 날 공부를 곧잘 하던 아이가 수학이 하기 싫다면서 세상 서럽게 운다거나, 오늘은 무조건 쉬겠다고 엄포를 놓는 형태입니다. 그럴 때 부모의 머리로는 '그래, 그럴 때도 있겠지' 하며 이해되면서도, 가슴으로는 순간적으로 쿵 내려앉는 느낌이 들기도 합니다. 원래 공부를 잘 안 하던 아이라면 어제도 그랬고 오늘도 그랬으니 그러려니 하는데, 나름 잘하던 아이가 그런 소리를 하면 부모도 속상하고 좌불안석이 됩니다. 그렇게 며칠을 참고 지켜보다가 그래도 여전히 하기 싫다는 아이를 보면, 부모 입장에서도 배려할 만큼 했다는 확신이 들어 참았던 속내가 불쑥 튀어나오기도 합니다.

"야, 너 대체 뭐가 문제야? 너 좋으라고 하는 거지, 엄마 아빠 좋으라고 공부하는 거야? 아주 보자 보자 하니까 해이해져 가지고."

그렇게 강압적인 부모의 말에 아이는 울음을 참으면서 다시 학습지를 펴기도 합니다.

그렇다면 부모의 말처럼 정말 아이의 정신 상태가 해이해져서 이런 일이 벌어지는 걸까요? 아니면 급격한 심경의 변화라도 있었던 것일까요? 이유가 무엇이든 원인은 다양하겠지만, 한 가지 염두에 둬야 할 점은 이러한 아이의 공부 부담이나 공부 짜증을 일종의 '신호'로 바라봐야 합니다.

아이의 행동이 바로
'공부 신호등'

공부에 대한 아이의 태도가 평소와 다르다면, 지금 하고 있는 공부가(단원이) 어려운 건지, 이해가 잘 안 돼서 회피하는 건지 살펴봐야 합니다. 그것이 아이가 보내는 일종의 '신호'일 수 있으니까요.

수학 공부를 하는 중에 갑자기 머리나 배가 아프다고 하거나 화장실을 자주 들락날락한다면 이것도 일종의 신체화 신호가 시작된 것입니다. 이럴 때 부모는 아이가 꾀를 부린다는 생각에 "너, 응급실 가 보자", "가서 주사 한번 맞아 보자"라고 엄포를 놓기도 합니다만, 그럴수록 진짜 원인을 놓치고 헛다리만 짚는 셈입니다.

여기서 정말 중요한 점은 이런 신호들이 반복될수록 풀지 못한 어려운 문제가 늘어나는 것처럼 '계속 공부가 싫어진다'는 것입니다. 그 문제들이 걸림돌이 되어 계속 쌓이기 때문입니다. 이건 마치 걸림돌이 쌓인 길을 계속 넘어지면서 가는 것과 같습니다. 따라서 우선 이 걸림돌을 치우고 갈 수 있도록 해 줘야 합니다. 이때야말로 구체적이고 직접적으로 "수학 어떤 부분이 어렵니?" 하고 부드럽게 묻는 것이 좋습니다. 부모가 부드럽게 물으면, 아이들은 보통 자신의 본 마음을 드러냅니다. 그때 어려운 문제를 아이와 같이 풀며 아이가 스스로 이해하고 풀 수 있도록 도와주면 됩니다.

첫째 아이는 중학교 1학년 때 항상 과학이 가장 쉽다는 말을 입에 달고 다녔습니다. 그런데 어느 날부터 갑자기 과학이 제일 싫다고 말하기 시작했습니다. 이 싫다는 반응도 일종의 신호일 수 있습니다. 부드럽게 이유를 묻고 보니, 학교에서 과학 시험을 봤는데 본인이 복습하지 못한 부분에서 문제가 나왔고 점수가 생각보다 형편 없었다는 것이었습니다. (기억하시죠? '전기와 자기장', 머리가 지끈지끈한 '옴의 법칙') 일반적으로 어려운 부분이 나오면, 부모님들은 이해할 때까지 읽고 반복하는 것이 정답이라고 알고 있습니다. 당연히 그래야죠. 하지만 아이들을 키우다 보면 알게 됩니다. 아이들은 못하는 것을 싫어하고, 싫어하는 것을 피한다는 점을요. 그런 아이들에게 "야, 알아먹을 때까지 반복해서 읽어!"라고 말하는 것은 별 도움이 되지 않는 꼰대의 헛소리일 뿐입니다.

아이의 '과학 싫어' 반응에 저희가 아이를 돕기 위해 썼던 방법은 아주 간단했습니다. 매일 일정 시간이 되면, 아이가 '전기' 부분에 대한 인터넷 강의(이하 '인강'으로 통칭)를 ('가족 학원'이라고 불리는 공간인) 저희 책상 옆에서 듣게 하는 것이었습니다. 매일 1시간씩 듣게 하니, 3일쯤 지나니까 모르던 부분을 파악하더군요. 중간중간에 이해가 안 된다고 하는 부분은 '같이' 들어 줬습니다. 그리고 그 내용에 관해 함께 이야기했습니다. 그렇게 하니 아이는 못해서 싫었던 과학의 전기 부분을 이해하게 되었고, 내용이 이해되니 그 부분이 싫지 않다고 느꼈습니다. 더 나아가 아이가 이 부분에 자신감을 갖게 되었을 때, 더는 '가족 학원'에 오지 않고 자기 방에서 듣게 했습니다.

아이가 무언가를 멀리하고 싫어하는 것을 목격했을 때, 그것을 정신 상태(해이해짐, 정신 못 차림)의 문제로만 볼 일은 아닙니다. 구체적인 도움이 필요하다는 신호로 보고 부모가 함께해 준다면 생각보다 쉽게 공부 짜증이나 공부 불안에서 벗어날 수 있습니다. 마치 헬스클럽에서 늘 하던 운동에 고비가 왔을 때 코치가 힘을 조금만 보태 줘도 무거운 바벨을 들어올릴 수 있는 것처럼, 조금의 힘, 조금의 관심, 조금의 도움만 줘도 아이는 어려움을 이겨낼 수 있습니다.

부모의 말은 아이의 인생이 된다

아이에게
공부 자신감을 키워 주는 말

공부 자신감은 아이가 '나는 해낼 수 있어!'라는 느낌을 가지는 것을 말합니다.

아이 셋을 키우다 보면 이 자신감은 아이 스스로가 발견하기보다는 부모가 키워 줘야 하는 거라는 생각이 들 때가 있습니다. 세 아이 중 공부 역량이 뛰어난 아이도 있고, 공부보단 운동 역량이 뛰어난 아이도 있습니다. 사실 공부 역량은 하나의 역량일 뿐인데, 그것을 기초로 인생이 결정되는 우리나라 실정에서는 다른 방면으로 아주 뛰어나지 않으면 길을 찾아주기가 쉽지 않습니다.

캐나다에 사는 지인의 말을 들어 보면, 캐나다에서는 변호사와 용접 일을 하는 사람의 월급이 비슷하고, 실제 그 두 사람이 부부인 경우도 많다고 합니다. 육체노동, 정신노동의 가치를 비슷하게 봐 주는 것입니다. 기본적으로 모든 역량은 개별적으로 다르고, 사회에 그 모든 역량이 필요하다는 의식이 깊게 뿌리내려 있으니 이런 상황이 가능하겠다는 생각이 듭니다. 이와 달리 우리나라 상황은 아이들이 모두 공부 역량으로만 평가되는 것 같아 늘 안타깝습니다. 사실 그렇게 중요한 공부 역량을 놓고 서로 경쟁하며 올라가도 무슨 신기루처럼 행복은 멀기만 하니, 대체 무엇이 답일까요?

우리 부부는 아이가 기본적인 루틴을 갖도록 이끌어 주되, 그 과정에서 자신의 역량을 찾기를 기대하고 있습니다. 그래서 무조건 1등, 최고 좋은 대학을 목표로 하진 않습니다. 다만, 공부에 대한 자신감 없이 학교생활을 하면서 스스로 '나는 열등아야', '나는 해도 안 돼'라는 낮은 자존감이 생기는 것은 방지해야 한다고 생각합니다. 낮은 자존감은 학교생활 이후의 삶에도 영향을 미치기 때문입니다.

학교생활과 연관되는
공부 자신감

언젠가 TV의 한 프로그램에서 학습 역량이 떨어지는(기초 학습 미달) 아이들을 집중 지도하는 모습을 본 적이 있습니다. 그 학생들의 기본적인 역량을 끌어올리는 게 프로그램의 취지였는데요, 그 과정이 흥미로웠습니다. 실제로 프로그램 말미에는 아이들이 제법 수업에 잘 참여하고, 공부 자신감을 회복한 모습이 나왔습니다. 저는 그 과정 중에서 무엇보다 처음 장면이 인상 깊었습니다.

기초 학습 역량이 떨어지는 학생들의 학교생활을 먼저 보여 줬는데, 아이들이 참 안쓰러웠습니다. 수업 내용을 잘 못 알아들으니 아이 스스로도 너무 지루해하고 힘들어했습니다. 선생님이 앞에서 수업을 진행하는데 50분 수업 시간 내내 눈만 비비고 엎드렸다가 일어나기를 반복하는가 하면, 한 아이는 아예 멍한 표정으로 창밖만 하염없이 바라보기도 했습니다.

어른인 우리도 너무 맞지 않는 곳에 있다거나, 내가 잘 못하는 일을 매일 해야 하는 곳에 있다면 그 자체로 '지옥'입니다. 아이들도 마찬가지지요. 잘 못하고 잘 모르는데 그렇게 하루 반나절을 공부 방법도 모른 채 앉아 있어야 하니 얼마나 힘들까요.

우리 아이들도 공부 자신감이 없으면 학교에서 힘이 들고, 또 학교생활 자체가 불행해집니다. 여기에 공부 못한다는 부모의 질타까지 더해지면 상황은 최악이 되죠. 그래서 공부 자신감은 단순히 '1등 하자', '무조건 상위권 가자' 등의 목표를 위한 것이 아니라, 아이들이 대부분의 시간을 보내는 학교생활이 불행해지지 않도록 부모가 신경 써서 키워 줘야 하는 것입니다.

공부 자신감을 키워 주는
2가지 방법

공부 역량이 뛰어나서 감정 기복 없이 자기 일을 해내는 아이들에게는 자연스럽게 공부 자신감이 따라붙습니다. 공부 역량보다는 다른 역량이 뛰어난 아이들(예를 들어, 창의적 발상이 끝도 없이 이어지는 아이, 주변의 모든 것에 호기심이 많아서 집중을 못하는 아이, 친구들을 잘 주도해서 재미있게 노는 아이, 전교생을 자기 친구로 삼을 수 있는 친화력이 뛰어난 아이 등)에게는 최소한의 공부 습관과 역량을 키워 주는 것이 필요합니다. 부진한 성적 문제로 본인의 원래 장점이 희석되고 그 장점을 발휘할 수 있는 자신감이 상실될 수 있기 때문입니다. 우리 집에도 그런 성향의 아이가 있습니다. 공부를 곧잘 하는 아이는 별 기복이 없는데, 그렇지 않은 아이는 늘 기복이 심합니다.

"엄마, 나는 수학 박사야!" 기질이 외향적이라 어느 날은 이렇게 신나 있고, 또 어느 날은 "아, 정말 분수 던져 버리고 싶어!" 하며 풀이 죽습니다. 아이의 이런 감정 기복을 보면서, 어려운 과목을 학습할 때나 어려운 상황에 부딪쳤을 때 어떻게 극복하게 할 수 있을지 고민하게 됩니다.

학습은 배울 '학(學)'에 익힐 '습(習)'자로 돼 있습니다. 즉, 경험이나 연습을 통해서 능력이 올라가는 것이 학습이라고 한다면, 2가지 방법을 통해서 공부 자신감을 끌어올려 줄 수 있습니다.

첫째, 지속적으로 해내는 능력을 키워 줍니다.

나중에 뒤돌아보면 '분수를 잘했네, 덧셈을 다 맞았네' 같은 일은 별로 기억에 남지 않습니다. 다만 그 과정에서 지속적으로 해내는 자세는 남습니다. 우리 부부는 당장 알고 있느냐 모르느냐가 아니라, 연습을 통해 익히는 자세를 키워 주는 것에 집중하기로 했습니다.

"있잖아, 엄마도 요리가 쉽지 않았어. 하지만 매일 하니까 지금은 어렵지 않아! 무엇이든 매일 꾸준히 하는 게 제일 중요해. 어제도 이 부분 생각해 봤으니, 오늘도 같이 여기까지 해 보자. 그 마음만 있으면 못할 게 없어!"

'못하면 속상해'라는 마음을 '매일 하는 것이 더 중요해'로 바꿔 주면 어느새 그 어려움은 지나가 버립니다. 이런 지속성을 위해서는 '실수'에 대한 부모의 반응도 매우 중요합니다. (앞에서부터 계속 강조하는 점이지요. 또 한 번 짚고 넘어갑니다.)

"에이그, 알면서 틀렸다는 게 말이 되냐?"

"어휴, 또 실수했네! 미쳐, 정말! 다시 봐!"

학습은 지속적으로 연습하는 것인데, 부모가 이렇게 부정적인 피드백을 하면 어떻게 될까요? 아이는 실수 자체를 크게 받아들이고, 실수가 잦은 것 때문에 자신감이 떨어집니다. 그러면 당연히 하기 싫어집니다. 이 원리는 인생사 모든 일에 적용됩니다. 누군가 내가 하는 일을 늘 지적하고 바보 같다는 표정을 하면 자신감이 떨어지고, 결국에는 하기 싫어집니다. 공부도 예외가 아닙니다. 사실, 몇 번 강조한 것을 아이가 틀리면 (당장 보이지 않는 성과와 나중에도 저러면 어떻게 하나, 하는 불안으로 인해) '마음속에서 열불'이 나지만, 아이의 학습 지속성을 키워 줘야 공부 자신감도 키울 수 있다는 것을 기억합시다!

둘째, 지속적으로 일정 부분을 해내고 나면 '오, 조금씩 나아지네'라는 경험을 하게 합니다.

부모가 당장 아이가 어려워하는 모습에 답답해하지 않고 계속해서 하도록 독려하는 것을 목표로 삼는다면, 아이들은 조금씩이라도 반드시 성장합니다. 어제 못 풀던 문제를 오늘 다시 해 보니 풀게 되고, 어제는 이해되지 않던 내용이 오늘은 이해되는 경험을 하면, 그것이 공부 자신감으로 자리를 잡습니다. 앞서 이야기한 TV 프로그램에서도 선생님들의 맞춤 교육으로 조금씩 더 이해하게 되자 아이들의 눈빛은 달라졌습니다. 당장 우등생이 된 건 아니었지만 공부 자신감이 회복되는 순간이었습니다. 이렇게 지속적으로 하면서 저희 아이들도 공부 자신감을 느끼게 되었습니다.

한 번에 못한다고 너무 좌절하지 않고, 몇 번 더 반복해 인강을 듣는다거나 지문을 읽는 등의 노력이 자연스럽게 행동으로 나타납니다. 만약 부모가 틀린 것에 당장 바르르 화를 낸다거나 왜 그런 쉬운 것을 못하냐고 타박하면, 아이들은 '못하는 것 = 내가 부족한 것'으로 인식해서 당장 점수는 올라도 늘 공부 자신감은 불안한 상태일 수밖에 없습니다.

한번은 아이가 잘하다가 또 "몇 번 들어도 이해가 안 돼, 이건 정말 너무 어려워!"라고 말한 적이 있습니다. 지속적으로 해 왔고, 그간 3번 반복 학습하면 이해되던 것이 또 평균을 벗어나자 좌절한 거죠. 이때 우리 부부는 아이의 '성장 그래프'를 알려 줘야겠다고 생각했습니다. 성장 그래프라고 해서 대단한 것을 뜻하진 않습니다. 아이가 그간 좌절했던 것과 극복해 온 것들에 대해 부모가 피드백을 해 주는 것이죠.

"(진정시키는 부드러운 말투로) 너 예전에 수학 되게 어려워했는데, 기억하니?"

"응……, 그랬나?"

"그랬지. 그래서 지금처럼 많이 속상해하고 울기도 했어. 그런데 지금은 어때? 그렇게 부담스러운 과목은 아니지? 너 예전엔 원만 없으면 수학 좋겠다고 했는데, 지금은 원 잘하잖아, 그렇지?"

"응."

"그건 네가 극복해서 여기까지 왔다는 증거야! 새롭게 배우는 지금이 가장 힘든 법이지. 엄마, 아빠가 장담하건대 지금처럼 지속적으로 시간을 들이면 분명 '에이, 쉽네' 할 날이 올 거야."

이렇게 성장 그래프를 말해 주면, 아이가 '아, 내가 그때 못했지만 나는 결국 해냈구나. 그렇다면 지금 어려운 것도 해낼 수 있겠네! 그러기 위해서 조금 더 해 봐야겠다!'라는 로드맵을 스스로 갖추게 됩니다. 즉, 성공 경험을 부모가 기억하고 아이에게 일깨워 주며 힘을 주는 것입니다. 초등학교 때까지 부모가 이런 피드백을 주면서 아이를 신경 쓰면 정말 스스로 공부해야 하는 양이 절대적으로 늘어나는 중·고등학교 때 아이는 그 힘으로 스스로 해냅니다.

이제 중·고등학생이 된 저희 첫째와 둘째는 자신의 공부 양을 그때 쌓아 준 힘으로 감당하고 있습니다. 그러니 초등학교 때는 영어, 수학, 과학 몇 점 맞았다는 것에 너무 일희일비하지 말고, 기본이 되면서 중요한 공부 자신감을 우선시해야 합니다.

회복탄력성!
부모의 '이런 말'이 키워 줍니다

아이가 속상해하는 순간이나 성적이 떨어지는 순간에 어떤 말을
해 주시나요? 다음 상황에서 어떤 말을 하는지 한번 떠올려 보세요.

- 아이가 학원 테스트에서 좋은 점수를 받지 못했다.
- 엄마가 권해서든 아이가 원해서든 회장 선거에 나갔는데 떨어졌다.
- 아이가 이번 시험을 대비해 공부를 열심히 한 것 같은데,
  오히려 성적이 좋지 않다.

이때 부모님이 어떻게 말을 해 주느냐에 따라 아이들이 '회복탄
력성'을 발휘하는 기회가 될 수도 있고, 회복탄력성이 떨어지는 계
기가 될 수도 있습니다. 회복탄력성을 정의하는 말들은 참 많습니다.
그 정의들을 요약하면 '마음의 면역체계'라고 할 수 있을 듯합니다.

이 면역체계는 스트레스 상황을 딛고 일어나게 하는 '내면의 힘' 같은 것이지요. 물체로 치면 탄성과 같은, 떨어졌다가 다시 올라갈 수 있고, 벽에 부딪쳤다가 되튀어 다시 돌아올 수 있는 힘을 말합니다.

사실 인생을 살아 보니, 좌절되고 힘든 순간이 얼마나 많은지 모릅니다. 그 순간 다시 추스를 수 있는 회복탄력성은 사실 어른인 우리에게도 여전히 절실하게 필요합니다. 어릴 때부터 회복탄력성을 키워 줄 수 있다면, 아이들에게 '인생의 중요한 자산' 하나를 물려주는 게 아닐까요!

좌절의 순간에 '낙관성'을 키운다!

제 조카 중에 무엇이든 도전하는 아이가 있습니다. 외적인 모습만 보면 왜소한 편이지만 의욕은 누구보다 커서 무엇이든 적극적으로 해 보고 도전합니다. 그로 인한 소소한 성공 경험도 많았고, 아파했던 순간도 있었습니다. 조카는 5학년 때 전교 부회장 선거에 나갔는데, 나름 열심히 야무지게 준비했지만 낙선을 맛봤습니다. 전화 너머로 엄마에게 "엄마, 나 떨어졌어. 지금 집에 갈게" 하는 목소리에 힘이 하나도 없더랍니다. 조카는 집까지 섭섭함을 꾹 눌러 담고 왔던 모양인지 집에 오자마자 수돗물을 틀어 놓은 듯 와락 울기 시

부모의 말은 아이의 인생이 된다

작했습니다. 엄마는 "울고 싶었구나. 그래, 괜찮아!", "넌 최선을 다했잖아" 등의 위로를 해 줬지만, 조카는 영 마음을 추스르지 못했습니다. 고민 끝에 동생은 제게 전화를 걸어 방법을 물었습니다. 그때 알려 준 방법으로 조카는 정말 툭툭 털고 일어났습니다.

그 방법은 바로 '스토리텔링(사례, 이야기)' 기법입니다. 사례를 가지고 이야기를 해 주는 것이지요. 지금 아이의 사례가 아니라 유명한 사람의 이야기 등 주변의 모든 일이 좋은 사례가 될 수 있습니다.

"○○야, 손흥민 선수가 하루아침에 저렇게 잘하는 선수가 되었을까? 처음부터 축구를 그냥 잘하고 무조건 1등을 했을까? 한 번도 지지 않고 저렇게 잘하게 된 걸까?"라고 물어보라고 알려 줬습니다. 그 질문에 조카는 울던 얼굴을 들고서는 "아닐 것 같아!"라고 대답했죠.

"맞아, 손흥민 선수도 못했다가 다시 연습하고, 또 못했지만 다시 일어서기를 반복한 끝에 지금의 저 모습이 될 수 있었던 거야. 또 네가 좋아하는 사람이 누가 있더라. 네가 즐겨 봤던 〈싱어게인〉을 보면 한 번에 된 사람보다 힘들고 어려운 순간을 몇 번이나 딛고 일어서서 결국 성공한 사람들이 많잖아. [사례를 통한 교훈]

그러니 실패는 어쩌면 당연해. 네가 이번에 실패한 건 속상한 일이기보다는 당연한 일이야. 네가 이런 시간을 통해 무엇을 보완할지 생각해 보는 성장의 시간이 되거든. [하고 싶은 말 요약]"

이렇게 사례를 통해 이야기해 주고, 대화 마지막에는 이 좌절을 통해 배우는 교훈을 요약해 주면 됩니다. 실제로 조카는 "그럼, 나 나중에 또 해 볼래"라고 눈을 반짝였다는 것이지요. 그리고 6학년 때 그 야무진 조카는 다시 도전해 결국 전교 회장이 되었습니다. 무엇보다 의미 있는 점은 조카가 앞서 맛본 낙선의 좌절을 통해 회복 탄력성을 발휘하게 된 겁니다. 우리는 무엇이든 책이 아니라 실제 해 보면서 배우는데, 좌절의 경험을 통해 '아, 실수는 무언가를 이루려면 당연한 절차구나'라는 깨달음과 함께 실패에 대한 면역체가 생긴 것입니다.

이와 반대로 아이가 아니라 부모가 마음이 더 상해서 좌절하는 경우도 있습니다. 학교 교사로 일하는 친구들의 이야기를 들어 보면, 아이의 성적 등에 부모가 더 좌절하는 경우가 생각보다 많다고 합니다. 한 아이가 전국단위자사고를 준비했다가 떨어지자 부모가 아이보다 더 낙담한 모습을 보였고, 아이는 그런 부모의 모습에 더 상처를 받았죠. 또 아이가 열심히 공부했는데 기말고사 점수가 크게 오르지 않았다고 교사 면담 시간에 엄마가 오히려 눈물을 보이는 사례까지 있었습니다.

부모인 우리도 이제는 관점을 바꿔야 합니다. 속상할 수는 있지만, 그 짧은 순간에 아이에게 더 이득이 되고 도움이 되는 방법을 선택해야 하는 것입니다. 한 번 실패했다고 그 실패로 인해 더 좌절하고 완전히 망할 수는 없으니 다음을 기약하자고 스스로 다짐하면서요. '어릴 적에 회복탄력성을 잡아 줄 수 있어서 정말 다행이다'라는 생각의 전환이 필요합니다. 사실 긴 인생의 길로 본다면, 지금은 틀리지만 나중에는 맞는 일도 참 많습니다. 아이가 외고에 붙어서 좋아했는데 내신이 나오지 않아서 결국 자퇴를 권해야 했던 엄마는 딸을 외고에 가게 한 것을 가장 후회한다고 말하기도 했습니다. 외고나 과학고에 붙어도 좋지만, 설사 떨어지더라도 모든 것은 양면이 있기 마련이니 그 점을 인정하고 주어진 상황에서 아이가 얻어갈 수 있는 것을 봐 주세요.

좌절의 순간에
'자기 자신에게 힘을 주는 언어'

> 엄마 아빠, 나 수학 폭망했어. 흐흐

시험 기간에 큰아이가 보낸 톡 메시지를 보고, 부모인 우리도 기분이 안 좋았습니다. 속이 쓰린 동시에 첫날부터 망쳐서 큰일이라는 생각이 드는 것은 어쩔 수 없었습니다. 그러나 이내 후일을 도모해야 하는데 아이가 얼마나 속상할지, 얼마나 좌절했을지 걱정스러워졌습니다. 시험 첫날인데 잘 극복하고 마음을 다스리게 해 줘야겠다고 생각하고 있었는데, 집에 도착한 아이는 예상보다 표정이 밝았습니다.

"너 괜찮은 거야?"

"어? 괜찮아! 일단 마음 추스르고 내일 시험 잘 보려고!"

아이의 이런 대답에 기특하다는 생각보다는 '어머, 저 헐렁한 자세는 뭐야. 문제의식 없는 저 대책 없음이라니'라는 생각이 먼저 들었습니다. 그런데 아이 방에 들어가 보니, 틀린 문제들을 체크하고 다음에 다시 보겠다고 파일을 정리하고 있기에 부모인 우리 마음도 어느 정도 진정됐습니다.

그런가 하면 저희 집 둘째 아들은 무언가 복잡하거나 힘든 문제를 앞에 두면 혼자서 '할 수 있다, 할 수 있다'를 되뇝니다. 어릴 적 펜싱의 박상영 선수가 올림픽에서 힘든 경기를 하면서 스스로 마인드 컨트롤을 위해 그렇게 되뇌었던 모습이 꽤 인상 깊게 남았는지, 이후에도 곧잘 따라 했습니다.

사실 인간은 자신이 하는 내면의 이야기를 가장 많이 듣는 존재입니다. 그런 점을 염두에 둔다면, 아이들이 힘들고 어려운 순간에 스스로 중얼거릴 수 있는 내면의 언어는 회복탄력성을 높이는 중요한 요소가 될 것입니다.

우리 부부 중 아빠는 '자기 조절력'을 위한 내적 언어를 중요시합니다. 수능 시험 1교시에 시험을 너무 못 봐서 그냥 집에 갈까, 하는 생각까지 했다가 스스로 마음을 다잡기 위해 기도하고 '끝까지 해 보는 게 중요하지 않을까?', '아직 다 끝난 것도 아니잖아!'라고 되뇌었다고 합니다. 아빠는 스스로 자기주도 학습을 통해서 훈련했던 회복탄력성과 자신과의 대화가 많은 도움이 되었다고 종종 아이들에게 이야기해 줍니다. 그러한 마음으로 시험을 계속 치렀더니 비록 1, 2교시는 망쳤지만 3, 4교시에는 좋은 성적을 받아서 그해에 원하던 대학에 진학할 수 있었습니다.

"에잇, 다 아는 거였는데 틀렸어. 짜증 나. 열라 기분 나빠!"

막내아들이 생각처럼 되지 않은 일에 대해 우리 부부에게 하는 말인지, 혼잣말인지 모를 불편한 마음을 툭툭 드러냅니다. 아이의 속상한 마음을 어느 정도 위로해 주고 우리는 이렇게 말했습니다.

"막내야, 너 그거 알아? 스스로 해 주는 말이 정말 가장 중요하다는 것. 너한테도 스스로 좋은 말을 해 줄 수 있어야 몸은 힘이 나거든. '애썼어, 틀린 문제 체크하고 나중에 제대로 알 수 있도록 하자'라고 말해 줘. 그래야 네 몸도 힘이 나!"

지금 돌이켜보니 이런 말들이 드라마에서 나오는 대사 같아서 낯간지럽기도 하지만, 정말 초등 저학년 때까지는 아이들이 꽤 진지하게 들어 줬습니다. 그 후로 아이들은 스스로에게도 좋은 말을 해 줘야 힘이 난다는 것을 염두에 두고 있습니다. 물론 중학생이 되면서 또래 집단의 현란한 비속어와 '폭망'이라는 말을 쓰며 가끔 우리를 좌절케 하지만, 결정적인 순간에 긍정어를 선택하며 대안을 찾는 모습을 보게 됩니다.

한번은 큰아이 친구가 고마운 사람에게 보내는 편지라며 친구 부모인 우리 부부에게 편지를 보낸 적이 있습니다. '좋은 친구를 낳아 주신 것, 가끔 학교까지 차를 같이 태워 주신 것'에 대한 감사 편지였습니다. 아이 친구는 저희 아이가 어려울 때 긍정적이고 매사에 적극적인 게, 바로 좋은 부모님 덕분인 것 같다고 적었더군요. 그 편지를 받고 새삼 뭉클하고 뿌듯했습니다.

자존감과 회복탄력성을 좌우하는 기본 '감정 습관'

우리의 뇌는 익숙한 것을 선호할까요, 좋은 것을 선호할까요? 안타깝게도 우리의 뇌는 좋은 것을 선택하는 선호성을 보여 주지 않고, 주인이 하던 대로 익숙한 것을 선호하게 되어 있습니다. 그래서 '세 살 버릇이 여든 간다', '제 버릇 개 못 준다', '낙숫물은 떨어지던 데 또 떨어진다' 등 한번 버릇이 들면 고치기 어렵다는 의미의 속담이 많은 듯합니다.

더 중요한 것은 습관뿐 아니라 감정도 그렇다는 점입니다. 감정도 익숙한 것을 선택하는 경향을 보입니다. 주로 어릴 적부터 경험한 감정이 바로 인생의 '핵심 감정'이 됩니다. 어릴 적 불안한 상황을 자주 맞닥뜨린 사람의 핵심 감정은 '불안'이 됩니다. 이런 사람은 즐거운 일이 있어도 즐거움이 며칠 가지 못하고 다시 핵심 감정인

'불안'으로 돌아가 버립니다. 즉, 불안이 '감정 습관'이 되어 버린 것이죠.

이와 관련해 유명한 복권 당첨자 실험도 있습니다. 복권이 당첨됐을 때의 그 기쁨이 얼마나 지속되는지를 관찰한 연구인데, 대부분 3개월 정도 기분이 좋다가 나중에는 다시 본인의 핵심 감정으로 돌아간다는 것입니다. 이를테면 평소 긍정적인 사람은 엄청나게 기쁜 상태에서 3개월 후엔 다시 자신의 핵심 감정이면서 습관이 되어 버린 긍정성으로 되돌아가고, 평소 부정적이고 우울감이 많던 사람은 3개월 정도 엄청나게 기쁘다가 다시 부정과 우울감이 많은 감정 습관으로 되돌아간다는 것입니다.

좋은 '감정 습관'을
만드는 방법

"웃는 게 불편해요!"

가장 예민한 학창 시절에 학교 폭력을 당한 드라마 속 주인공이 뱉은 한마디입니다. 웃어 본 적 없는 일상 때문에 다 큰 성인이 되어서도 웃음을 짓는 것이 불편해진 것이지요. 낯선 것을 불편한 것으로 인식하는 뇌 때문입니다. 우리 부부는 이런 핵심 감정과 평소 경험한 감정 습관이 인생의 자존감(나는 괜찮은 사람이야)과 회복탄력성(어려운 가운데 이겨내는 힘)에 큰 영향을 준다고 생각합니다. 그래서 좌절한 순간에 극복할 방법을 알려 주는 것 외에도 일상에서 소소하게 웃고 즐기는 가족 분위기에도 신경을 쓰는 편입니다.

아이가 부모에게 매일 '공부하라'는 짧은 말만 듣고 식사 시간이면 각자 휴대폰만 들여다보는 분위기에서 자란다면, 핵심 감정을 즐겁게 연습하고 누리는 경험이 줄어듭니다. 또 부모가 오직 무언가를 하라고 지시하거나 공부를 제대로 하고 있는지 확인하기 위해서만 아이 방에 들른다면, 긍정적 감정을 경험하고 누릴 상황은 더욱더 희박해집니다. 이렇게 가족의 울타리 안에서 좋은 감정을 경험하지 못하면, 아이는 쇼핑이나 무언가 작정하고 떠나는 여행에만 목을 맵니다.

주변에서 어린 자녀를 둔 부모들이 이런 말을 하는 경우를 종종 봅니다.

"지난주에 엄마, 아빠랑 에버랜드도 다녀왔잖아! 그럼 좀 혼자서 놀아야지! 응?"

"지난번에 그거 사 줬으면 이제 알아서 해야지? 그렇지?"

우리도 에버랜드 한 번 데리고 갔다 오는 것이나 큰 선물 한 번 해 주는 것으로 아이의 기분을 띄워 보려 노력하고, 또 그것이 아이에게 영향력을 많이 발휘하길 기대하지요. 그 마음, 정말 백 번 이해합니다. 아이들이 어릴 적에 세 아이를 데리고 신나게 에버랜드에 다녀왔으면 그 감사로라도 엄마, 아빠에게 여유 시간을 좀 줬으면 좋겠는데, 현실은 꼭 어긋났습니다. 어제 실컷 놀고 들어와서 늦게 잠들었는데도 아침 일찍 재깍재깍 일어나는 아이들 때문에 '휴, 힘들다'를 얼마나 외쳤는지 모르니까요. 반면에, 무언가 원하는 것을 아이에게 사 줬을 때 그 기뻐하는 표정이 너무 좋아서 언제든 원하는 것을 사 주고 싶은 마음이 얼마나 많이 드는지요. 그러나 이래저래 현실적 문제(돈)를 생각해서라도 강력한 자극의 도파민 기쁨(오래가지 않으면서 너무 자극적인 기쁨, 즉 점차 강도를 높여야만 하는 기쁨)보다는, 잔잔하고 은은한 세로토닌(자극적이진 않지만 즐거움을 주는 건강한 신경물질)을 얻는 편이 더 좋습니다. 그것이 '좋은 감정 습관'을 만드는 길이기도 하고요.

좋은 '감정 습관'을 위한 TIP

일상에서 주는 세로토닌 경험, '소확행(소소하고 확실한 행복)'을 아이들에게 주는 팁이라 해도 좋겠습니다. 다음은 우리 부부가 아이들의 일상에서 좋은 감정을 경험하게 해 주고 싶어 직접 시도해 본 방법들입니다.

✔ 아이 방 침대에서 아이와 뒹굴며 웃기

이건 막내아들이 특히 좋아했습니다. 아빠가 번쩍 안아서 침대에 누워 꼭 껴안고 몇 번이고 뒹굽니다. 초등 고학년이 된 지금도 가끔 해달라고 요청하는 일입니다.

✔ 아이의 이야기에 정말 큰 소리로 웃어 주기

아이는 자기 말에 잘 호응해 주는 사람을 좋아하게 되어 있습니다. 그게 부모라면 자존감에 무척 긍정적인 영향을 주겠지요.

✔ 아이의 잘못에도 가끔은 통 크게 넘어가 주기

"에잇, 네가 더 소중하니까 비싼 ○○를 깼어도 아빠가 그냥 넘어간다. 그래도 다음 엔 조금 더 조심해 줘!"

✔ 무거운 이야기를 유머로 웃어넘기기

(시험 때문에 속상한 아이를 보며) "어? 씩씩하게 웃고 늘 자신만만한 우리 아들이 오늘은 비 맞은 생쥐가 됐네!"

✔ 아이와 만화책 함께 보기

한동안 아이가 《빈대 가족 시리즈》를 아주 재밌게 봤습니다. 그때 그냥 '저런 책을 읽나 보다' 하지 않고, 함께 읽으며 낄낄거렸던 기억이 납니다.

✓ 아이와 같이 요리해서 먹기

요리하는 것보다 치우는 게 더 힘이 들지만, 아이들은 정말 행복해합니다. 이런 경험이 쌓이면 혼자 밥을 차려 먹는 기특한 중학생이 되기도 합니다.

✓ 아이가 원하는 것 같이 하기

"엄마, 우리 윗몸 일으키기 같이 해요!"라고 제안하면 같이 해 줍니다.

✓ 아이와 보드게임 하기

여행 때 정말 자주 하는데요, 아이들이 중학생, 고등학생이 되어도 하고 있습니다.

✓ 시간 내어 감사 일기 쓰며 이야기 나누기

초등 저학년 때까지는 매일 감사 일기를 밤마다 나누기도 했습니다. 지금은 하자고 하면 도망갑니다. 초등 고학년이 되고, 중학생, 고등학생이 된 지금은 1년에 한 번, 연말 때 감사한 일 나누기로 축소됐지요.

✓ 속상한 상황에 '다행이야'라고 말하기

(아이가 실수로 안경테를 부러뜨렸을 때) "음, 조심했으면 좋았겠지만 그래도 렌즈는 살렸네! 다행이다. 테만 바꾸면 되겠다."
"비가 안 왔으면 좋았겠지만 그래도 우산 쓰고 걸으니 더 운치 있다. 그치?"

또 뭐가 있을까요? 초등 때까지 이 정도만 같이 잘 해 줘도 중학교 때 아이를 위로할 일은 확 줄어듭니다. 스스로 감정을 다스리고 친구들과의 관계도 잘 헤쳐 나갑니다. 자기 기분이 안정적이니 타인에게도 안정적으로 대한다고 봐야 할까요? "아이가 내향이라고 하시는데 내향이지만 유머 감각도 있고 친구들을 부드럽게 대해서 아이들 사이에서 인싸예요. 정말 친구들이 다 좋아합니다. 회장 선거에서 80% 아이들의 몰표를 받았어요."

부모의 말은 아이의 인생이 된다

"전반적으로 아이가 매우 안정적이에요. 하는 행동이나 말이!"
"친구들을 잘 위로하고, 공감도 잘하는 아이입니다. 아이들이 기본적으로 신뢰한다고 해야 할까요!"
학부모 상담 때 선생님이 들려준 아이들 이야기입니다.
쑥스럽지만, 우리가 물어볼 새도 없이 선생님이 쏟아내는 아이 칭찬만 듣고 끝이난 상담도 있었습니다. 어느 날 우리 스스로 아이들에게 참 고맙다고 생각하면서무엇이 아이를 저렇게 만든 건지 그 이유를 생각해 봤습니다. 그런데 아무리 생각해 봐도 가장 큰 것은 '일상에서 좋은 감정 경험하게 해 주기'였다는 결론을 냈습니다. 이것저것 돈으로 무엇을 해 주려 하기보다, 이것이 가장 돈 안 들이면서 아이를 행복하게 하는 요인이었음을 확신합니다.

3장

아이의 생각을
키우는 부모의 일상 언어

아이들은 일상에서 부모와의 대화를 통해
훌쩍 자랍니다.

"

잔소리로 받아들이는
부모의 말 습관

아이가 셋이다 보니 잘 지내다가도 의견 차이가 생기면 언성이 높아지고 과격해질 때가 있습니다. 특히 그 고단함을 가장 많이 표현하는 것은 바로 막내 아이입니다. 자기는 아빠, 엄마뿐 아니라 누나, 형에게도 잔소리를 듣다 보니 너무 많이 듣는다는 것이죠.

우리가 자랄 때는 한 집에 4형제, 5남매가 흔했으니 그 층층시하 같은 잔소리가 어떨지 어느 정도 이해가 됩니다. 막내의 잘못이 아빠, 엄마까지 올라갈 것도 없이 오빠, 언니, 형 단계에서 바로 끝나는 경우도 있었으니까요.

그날도 그랬습니다. 막내가 뭐가 억울한지 "아, 진짜 짜증 나! 누나가 너무 뭐라고 해!"라며 울면서 달려왔습니다. 누나가 유튜브를 그만 보라고 잔소리를 했다는 것이죠. 그 잔소리 때문에 자기는 머

부모의 말은 아이의 인생이 된다

리도 너무 아프고, 잠깐 본 것인데 억울하다며 서럽게 울었습니다. 자기도 못하는 것투성이면서 누나라고 동생을 훈계하려 드는 모습이 웃기기도 했고, 한편으로는 대견하기도 했습니다. 이런 갈등 상황을 봉합하기 위해, 막내가 잔소리를 안 듣게 하기 위해 엄마인 제가 그날은 막내를 잡고 이야기를 한참 나눴습니다. 아울러 누나인 딸과도 좋은 잔소리가 무엇인지 이야기를 나눴답니다. 잔소리의 기술이라고나 할까요?

잔소리와
조언의 차이점

막내와 이야기를 나누다 보니, 막내는 잔소리를 너무 들으면 머리가 멍해지고 갑자기 생각이 하나도 안 나면서 졸음이 온다고 했습니다. 말하는 사람의 에너지와는 무관하게 듣는 사람에게 의사가 전혀 전달되지 않고 행동의 변화를 끌어낼 수도 없는 거죠. 이 부분은 부모인 우리도 염두에 둬야 할 중요한 내용입니다. 그렇다면 대체 어떻게 말해야 아이가 받아들이는 잔소리가 될까요?

잔소리의 사전적 의미는 '쓸데없이 자질구레한 말을 늘어놓음, 또는 필요 이상으로 듣기 싫게 꾸짖거나 참견하는 것'입니다. 여기서 방점은 '필요 이상'과 '듣기 싫게 참견'에 찍히겠죠. 그렇다면 조언이 되기 위해서는 '필요성 있게 느껴지는가', '듣기 좋게 말하는 가'가 관건이지 않을까 합니다. 즉, 말로 깨우쳐 도움을 준다는 사전적 의미와 같겠지요. 그런 관점에서 막내아들이 누나에게 듣고 화가 난 누나의 잔소리 내용을 그대로 옮기면 이렇습니다.

"야, 진짜 개 짜증 나네! 너, 왜 내 말을 안 들어? 맨날 말도 안 듣고, 지난번이랑 뭐가 달라졌어? 맨날 잠깐 본다고 하고, 어? 할 말 있으면 해 봐!"

이 잔소리가 조언이 되려면 무엇을 바꿔야 할까요?

이 잔소리가 조언이 되기 위해서 필요한 것을 3가지 관점에서 짚어 볼 수 있습니다.

첫 번째, 자신 관점, 즉 말하는 사람의 관점만 강조되지는 않는가?
두 번째, 상황 관점, 즉 상황에 대한 논리적 설명이 되고 있는가?
세 번째, 타인 관점, 즉 상대를 이해하고 배려해 주는 표현이 되고 있는가?

이런 관점에서 오늘 막내의 기분을 뒤집어지게 만든 누나의 잔소리는 "진짜 개 짜증 나네", "너 왜 내 말을 안 들어?"와 같이 자신(말하는 사람)의 감정과 관점만 강조한 것입니다. 또 "지난번이랑 뭐가 달라졌어?"라는 말은 단순히 상황만 있고, 어떤 문제가 반복되는지 구체적이지 않습니다. 동시에 타인 관점에서 받아들일 수 있는 매너 있는 표현은 전무합니다. 이런 점에서 본다면, 누나가 동생에게 했던 말은 조언을 빙자한 잔소리 대잔치입니다.

과연 이런 모습이 아이들에게만 있는 걸까요? 솔직히 고백한다면, 아이보다는 부모라는 이름으로 우리가 이런 실수를 훨씬 더 많이 하고 있다는 점을 인정할 수밖에 없습니다. 그러니 나의 말하는 습관은 어떤지 체크해 봐야 합니다.

자기 관점만 강조하는 '비난형 말 습관'

"너, 왜 엄마 말을 안 들어?"

"이럴 때마다 진짜 엄마 너무 힘들어! 너무 짜증 나!"

"너, 아빠가 이러면 어떻게 한다고 했지?"

아이를 키우다 어떤 문제가 여러 번 반복되면 정말 짜증이 확 밀려옵니다. 대체 언제까지 이 문제로 씨름해야 하나 싶고요. 그러다 보니 점점 부모의 힘든 감정, 부모인 내가 계속 말했다는 것을 위주로 잔소리하게 됩니다. '자기중심적으로 말하기'는 어쩌면 사람의 본능인 것 같습니다. 그런데 이 자기 관점만 계속 반복한다면 '비난형 부모'가 될 가능성이 높습니다. 말한 나는 문제가 없고, 듣지 않는 '너'가 문제다, 즉 모든 잘못이 상대에게 있다고 보는 것이죠.

우리 부부가 자주 보는 프로그램 중 하나가 오은영 박사의 〈요즘 육아 금쪽같은 내 새끼〉입니다. 그 프로그램을 자세히 시청하다 보면 놀랍게도 아이의 문제 이전에 부모의 문제가 대부분 숨어 있다는 것을 발견하게 되죠.

그중 5남매를 키우던 한 가정이 떠오릅니다. 5남매의 육아라니 생각만 해도 부모의 고단함, 특히 많은 시간을 아이들과 보내는 엄마의 고단함이 느껴지는 에피소드였습니다. 그런데 부모가 아이들을 모아 놓고 이야기하는 장면을 오 박사는 '교도소 같다'고 표현했습니다. 아이들은 아무런 의견도 제시하지 못하고, 부모들은 아이들이 하면 안 되는 일과 규율을 중심으로 비난형 말들만 했기 때문입니다. "왜 하라는 대로 안 해!", "왜 말을 안 들어!" 등의 비난형 말 습관이 있는 부모들의 내면에는 '나는 분명히 말했다', '부모 말이 옳다', '아이는 들어야 한다' 등의 생각이 깊게 깔려 있을 가능성이 높습니다. 쉽게 말해 말하는 사람과 듣는 사람을 동등한 위치가 아니라 서열로 보고 커뮤니케이션을 하는 것이죠. 그래서 비난형 말 습관이 있는 부모를 둔 아이들의 특징은 모든 상황에 매우 억울해한다는 것입니다. 그 프로그램의 주인공도 벽을 치는 등 과격한 행동으로 자신의 어려움을 표현했습니다. 반대로 내향적인 성향의 아이들은 그냥 포기한 채 받아들이는 모습을 보이기도 합니다.

상황 관점만 강조하는
'초이성형 말 습관'

"내가 보기에는 자기가 잘못한 것 같은데. 내가 팀장이라도 그건 좀 지적할 것 같아."

"여보! 회사가 장난도 아니고 당신이 학생도 아닌데 근무 시간에 그런 행동을 하면 안 되지."

속상한 마음을 위로받고자 던진 말에, 남편이 너무 정색하며 회사 팀장 편을 들었다며 하소연하던 친구 생각이 납니다. 그때 우리끼리 얼마나 웃었던지요. "남편들은 왜 그럴까? 누가 판사 돼 달래? 그냥 '그랬어? 힘들었겠네' 하면 끝날 일을!" 하면서요.

이처럼 오로지 '상황'을 객관적으로 보고 말하는 습관을 '초이성형' 말 습관이라고 할 수 있습니다. 아이가 친구랑 다퉈서 속상하다고 말하는데, 되레 아이의 문제점을 짚고 나서는 부모도 있습니다. "들어 보니 그건 너도 잘못했네", "그렇게 행동하면 문제가 될 것 같은데"라고 하는 식이죠.

친구 중 한 명은 "나는 아이를 객관적으로 키우고 싶어. 사실 그대로 이야기해 줘야지!"라고 말해서 "네가 판사니, 선생님이니?"라고 저희가 타박을 줘서 한참 웃기도 했습니다. 초 이성형 말 습관을 지닌 분들은 공감을 받아 본 경험이 적을 수도 있고, 때로는 스스로 꽤 괜찮은 사람이라서 '나는 무조건 내 아이 편만 들지 않는다'라는 것이 나름의 가치관일 수도 있습니다. 문제는 상황만 보고 객관적으로 판단하는 이런 말 습관은 아이도 결국 상대를 공감하지 못하는 사람으로 키울 수 있다는 것입니다. 그리고 정말 위로받고 싶은 순간에 옳고 그름으로 이야기하는 부모로 인해 생긴 섭섭함과 허전함 때문에 늘 먹어도 허기진 것처럼 느낄지도 모릅니다.

상대 관점만 강조하는
'우유부단한 말 습관'

"네 말이 맞을 거야."

"아이고, 하기 싫어? 그러면 하지 마!"

"먹기 싫으면 먹지 마. 아빠도 그런 적 많아. 어릴 때는 다 그러면서 크는 거야!"

상대 관점만 강조하는 말 습관을 지닌 부모들은 아이의 감정을 잘 이해하는 듯하고, 공감 능력이 높은 것처럼 보입니다. 때로는 이런 관점도 아주 필요하지요. 그런데 한쪽으로만 과하면 나머지는 문제가 되기 마련입니다. 이런 말 습관은 한창 예의, 태도, 중요한 생각을 형성하는 나이의 아이에게 의도치 않게 악영향을 줄 수 있습니다. 아이를 훈육해야 할 때 훈육이 되지 못하는 상황을 맞닥뜨리기도 합니다. 그래서 참 '똑똑한' 사람인데 유독 아이에게 쩔쩔매는 경우를 보게 될 때가 있지요. 이러한 대화가 반복되다 보면 자기 뜻대로만 하는 아이가 될 가능성이 커집니다. 자기 경험 중에서 한 분야에 대해서만 유독 우유부단한 말 습관이 나오는 부모도 있습니다. 어릴 적 편식한다고 너무 혼이 났던 경험 때문에 '나이 들면 다 먹게 되니 그냥 먹지 마' 등의 말이 나오는 거죠. 자신의 노이로제가 아이에게도 생길까 봐 회피하는 일종의 방어 기제이기도 합니다.

자신이 부모로부터 받은 '비난형' 방식의 말만 피하면 될 것을, 아예 훈육 자체를 놓아 버리는 경우가 생각보다 많습니다. 물론 실제로 자연스럽게 나이가 들수록 해결되는 부분이 있긴 합니다만, 효과적으로 조언할 방법이 있다면 선택적 훈육으로 아이들에게 혼란을 줄 필요는 없겠지요.

조언이 되는 '일치형 말 습관'

"막내야, 어제부터 보니까 매일 이 시간에 유튜브를 보는 것 같아. [상황 관점] 엄마, 아빠도 안 계신데, 누나는 네가 그렇게 유튜브만 보니까 걱정돼. 유튜브 언제까지 볼 거야? 너도 쉬고 싶은 마음에서 본 것 같은데. [말하는 사람-자신관점] 공부도 해야 하니 시간을 정해서 하는 건 어때? [듣는 사람-타인 관점]"

앞서 언급했던 누나의 잔소리를 조언이 되는 '일치형 말 습관'으로 정리하면, [상황 관점] → [말하는 사람-자신 관점] → [듣는 사람-타인 관점]으로 재구성할 수 있습니다. 물론 아직 나이가 어린 딸이 이렇게 논리 정연하게 말하기를 기대하기는 어렵지만, 이 사건을 계기로 딸아이는 잔소리가 아닌 조언을 하려면 어떻게 해야 하는지 다시금 생각하게 되었다고 합니다.

사실 어른도 모든 상황에 자신의 관점도 잘 전달하고, 상황도 구체적인 근거로 이야기하고, 타인의 관점도 충분히 헤아리는 완벽한 일치형 화법을 구사하긴 쉽지 않습니다. 그래도 정말 우리 아이를 위해 진지하게 무언가를 바로잡아 주고 싶은 순간이 있다면, 그때는 눈을 마주치고, 마음을 담아 제대로 된 일치형 조언으로 행동을 바꿔 볼 기회를 잡으시길 바랍니다.

부모의 말은 아이의 인생이 된다

공부 습관을 만드는
부모의 한마디

아침부터 자기 할 일은 뒤로 한 채, 장난감 칼을 휘두르며 정신없이 뛰어다니는 막내 아이를 보며, 순간적으로 '할 일은 안 하고 저러고 있네' 하는 생각이 들었습니다. 그러자 아이를 바라보는 마음이 복잡해지면서 짜증이 났죠. 짜증을 가라앉히기 위해 자리를 피했지만, 어느새 다가와서 이번에는 배드민턴 채를 휘두르며 성가시게 구는 아이에게 결국 쓴소리를 했습니다.

"너, 인강 들었어, 안 들었어?"

신경질적인 엄마의 말투에 막내는 "아직"이라고 짤막하게 대답합니다. 그 말까지 듣자 이때다 싶어 버럭 했습니다.

"들어가서 빨리 할 일 먼저 해!"

아이가 들어간 후에도 "아이고, 정신없어. 내가 웬만해야 좋게 말하지!"하고 혼잣말하는데, 잠시 후 둘째가 다가와 말합니다.

"엄마, 막내 울어요!"

평소 막내와의 관계가 좋다고 생각한 저는 '그거 좀 혼났다고 우나?' 싶은 마음에 대수롭지 않게 막내에게 갔습니다. 하지만 막내는 어깨까지 들썩이며 흐느끼고 있었습니다.

"왜 울어?"

"와이파이가 안 돼! 그래서 될 때까지 기다렸던 건데."

순간 '아차!' 싶었습니다. 공부를 시작하려 했지만, 와이파이가 되지 않아 기다리고 있었던 나름의 속사정이 있었는데, 그 상황을 무시하고 혼낸 저를 향한 서러움이 북받치고 있었습니다. 그제서야 "그랬어?"하며 다독이자 아이의 울음소리는 더욱 커집니다.

요즘 아이 학습에 신경 쓰는 부모라면 '아이를 위한 공부 정서'나 '아이의 공부 정서를 관리하는 방법' 등을 잘 알고 있어 아이의 '공부 정서'에 꽤 신경을 씁니다.

저 역시 그 부분을 잘 알고 강조하는 편입니다만, 이번 사례처럼 일상에서 불쑥 마주치는 상황에서는 아는 바를 제대로 실천하기 힘듭니다. 사실 매일 다짐을 하면서도 자주 '아차!'를 반복하는 엄마임을 고백하지 않을 수 없습니다. 아이의 서러움 가득한 속마음을 듣는 순간, 오늘도 '아이고, 왜 안 하고 있었는지 물어볼걸……' 하고 한 템포 늦은 후회를 했습니다. 조금 더 상황을 파악하고 이야기해야 할 때가 있고, 상황이 판단된 상태에서 지시하거나 지도형 대

부모의 말은 아이의 인생이 된다

화를 해야 할 때가 있는데, 상황 파악이 먼저임을 놓친 것입니다.

아이의 문제 행동에 대응하는
4가지 유형의 부모

굳이 위와 같은 상황이 아니더라도 공부 의욕은 있지만 실행력이 떨어지는 아이, 해야 할 공부를 매번 미루고 핑계를 대는 아이, 설명해 줬던 것을 자꾸 잊어버리는 아이를 가르치면서 부모는 어떤 말이든 아이에게 하게 됩니다. 그때 하는 한마디가 아이의 마음과 행동에 결정적인 영향을 끼친다는 것, 그래서 아이의 다음 행동을 결정한다는 것을 숙지한다면, 부모의 말은 어떻게 달라져야 할까요? 대개 아이들을 대하는 부모들을 관찰해 보면 4가지 스타일로 나뉩니다.

첫째, 아이의 행동만으로 모든 상황을 '판단하고 지시하는 부모'
유형

우리 부부가 '아차' 했던 앞의 상황은 다음과 같습니다. "너 공부했어, 안 했어?"라고 물은 후에 아이의 대답과는 상관없이 바로 (안 했을 줄 알았다는) 부모 스스로의 판단을 확신하며 지시하는 경우입니다. 이미 아이의 행동만 보고 판단했기에 더 들어 볼 내용도 없다고 여기는 것이죠. 이렇게 자신의 판단과 동시에 무언가를 지시부터

하는 부모는 생각보다 많습니다.

방문을 열었더니 아이가 휴대폰을 보고 있다고 가정해 보죠.

"그럴 줄 알았어. 시험 기간이라고 공부한다며? 휴대폰 내놔!"

아이 입장에서는 억울하기 그지없겠지만, 부모 입장에서는 '들어 보고 자시고 할 것도 없다'는 현장 검거의 순간이죠. 그간 아이가 해 온 전적이 있다면 더 확신이 들 수밖에 없습니다.

문제는 이런 '확신'이 결국 아이와의 관계를 망치고 돌이킬 수 없게 만들 뿐 아니라, 앞뒤를 불문하고 자신을 판단해 버리는 부모 앞에서 아이가 '회복'의 동기를 잃게 된다는 것입니다. 경험한 사람은 압니다. '원래 그런 사람'으로 여겨지고 판단된 사람에게선 '그래! 비뚤어질 테다'라는 '무기력'과 '반항'의 동기가 자연스럽게 발동한다는 것을 말이죠.

행동을 유발하는 강력한 힘인 '동기'에는 이처럼 나쁜 행동을 유발하는 동기도 많습니다. 부모가 아이와의 대화에서 주로 '판단하고 지시하는' 유형이라면, 아이는 '내가 어떻게 해도 엄마, 아빠의 생각은 바뀌지 않아!', '내가 아무리 노력하면 뭘 해. 난 이미 그런 아이인걸!'이라는 생각을 하게 되고, 이는 만성적인 무기력으로 이어져 더는 관계 회복의 의지를 가질 수 없게 됩니다.

둘째, 아이의 행동을 넘어 질문을 던지는 '질문형 부모'

판단하고 지시하는 부모와 달리, 질문형 부모는 즉시적인 판단을 멈추고 질문을 통해 상황을 파악하려는 의지가 있습니다. 그리고 한 번 정도는 이야기를 들어 주겠다는 열린 태도도 가지고 있지요. 즉, "왜?"냐고 물어봐 줄 수 있는 부모입니다. 이를테면 "숙제했어, 못했어?"라고 묻고, 아이가 "아직"이라고 하면 "시간이 꽤 지났는데, 못한 이유가 있어?"라고 묻습니다. 이렇게 정말 아이를 존중하고 '나름의 상황'이 있었을 거라는 믿음에서 나오는 '질문'은 의미가 있습니다. 만약 우리 집 막내에게 제가 "공부할 시간인데 우리 아들 계속 칼 놀이하네. 무슨 일 있는 거야?"라고 물어봤더라면 상황이 어떻게 달라졌을까요? 아이는 울면서 억울함과 서러움의 감정을 발산할 필요가 없었을 것입니다. 저 역시 아이를 달래느라 진땀을 빼며 시간을 보내지도 않았을 것입니다. 내가 알지 못하는 '아이의 상황'이 있을 수 있음을 인식할 때 질문을 할 수 있습니다.

셋째, 아이와 함께 적절한 방법을 모색하고 돕는 '지원형 부모'

하지만 단순히 질문을 했다고 해서 모두가 아이를 돕는 방법을 모색하는 '지원형 부모'는 아닙니다. "그걸 미리 말했어야지!"라고 아이를 탓하며 "요 녀석 머리 좀 썼네"라고 혼내는 부모가 있을 수 있고, "그래? 좀 기다리면 되겠네. 그 정도는 알아서 할 수 있지?"라고 떠넘기는 부모도 있습니다. 대개 부모님이 바쁘거나 꼼꼼히 챙겨 줄 수 없는 경우입니다.

'지원형 부모'는 대충 넘겨짚거나 넘어가지 않고, 아이의 말을 잘 듣고, '엄마, 아빠는 늘 너를 돕고 싶다'는 의지를 보여 줍니다. 이런 부모의 태도는 아이의 공부 태도를 잡는 데 큰 도움이 됩니다.

"그랬구나! 방법을 찾아보자. 와이파이 주소가 제대로 입력되어 있니?" 등을 물어봐 주고 해결을 돕는 부모의 말은 '공부하라'는 말보다 아이가 자신만의 공부 습관을 유지하는 데 결정적인 힘이 됩니다. 즉, 지원형 부모의 "엄마나 아빠가 뭐 도울 건 없을까?"라는 말 한마디는 아이에게 든든한 조력자가 있음을 느끼게 해 주는 정말 좋은 피드백이죠.

모든 부모가 그렇지만 우리 부부도 최소한 세 번째 단계인 '지원형 부모'까지는 돼 보려고 평소에 많이 노력하는 편입니다. 그래서 실제로 아이들에게 자주 물어봅니다. "도움이 필요한 건 없니?" 그러면 아이들은 생각보다 빨리 "내가 처리할게. 맛있는 간식 해 줘"라고 하거나, "별일 아니야. 내가 해 볼게!" 등의 말을 합니다. 돌아보니 우리 집 막내는 늘 해결은 자신이 할 테니 간식이나 음식 리스트를 들이밀며 보상해 달라고 하는 편입니다. 그 모습이 웃기기도 하지만, "그래, 간식 해 줄게"라고 말하는 순간 기분 좋게 책으로 눈을 돌리는 아이의 모습을 볼 때면 '아이들이 얼마나 부모의 따뜻한 지원을 좋아하나! 자기 딴에는 어려운 문제를 풀고 있으니, 이런 자신을 위해 응원의 한마디, 격려 차원의 보상을 해달라는 말일 텐데' 하는 생각과 함께, 아이들의 깊은 갈망이 느껴져 짠합니다.

부모의 말은 아이의 인생이 된다

넷째, 지원형 부모를 넘어 '지지해 주는 부모'

언젠가 이런 일이 있었습니다. 우리 집 아이 중 한 아이가 장난기가 발동했는지 "난 정말 천재인가 봐. 나 진짜 똑똑해!"라고 잘난 척 비슷하게 자기 칭찬을 하는 것입니다. 그 말에 저는 무심코 웃으면서 "아이고, 잘난 척 그만하시지. 천재인 것을 말로 하지 말고 증명하세요"라고 장난 섞인 핀잔을 줬습니다. 그랬더니 아이가 "어? 뭐든 잘하는 우리 아들, 똑똑한 우리 아들이라고 말해 주던 우리 부모님 어디 가셨지?"라고 반문했습니다. 아이의 그 말에 서로 한참을 웃었습니다. 그러면서 부모에게 언제나 지지받고 싶어 하는 아이의 마음을 알게 되었고, 그간 우리 부부의 그런 말을 담아 뒀던 아이의 마음이 느껴져 흐뭇했습니다.

이런 상황들을 생각해 보면, 아이의 행동이 이해되지 않는 순간에는 판단과 지시를 잠시 멈춰야 다음 단계인 '질문'을 던질 수 있고, 그 질문이 실제 아이를 지원하는 것으로 이어질 것입니다. 그러면 아이들은 부모의 피드백을 긍정적으로 받아들이고, 그런 경험을 통해 부모의 자녀 지지는 더욱더 높아질 겁니다.

부모 말 안 듣는 아이 vs
부모 말 잘 듣는 아이

"왜 그렇게 말을 안 듣는지, 진짜 속상해 죽겠어!"

"한 번에 하는 법이 없어! 몇 번 말해야 겨우 하니, 진짜 열불 나서!"

사실 '말을 잘 듣는다, 말을 잘 따른다'라는 것은 말하는 입장에서의 기대입니다. 결국 말을 잘 듣기 원하는 마음의 저변에는 말하는 내가 원하는 타이밍에 원하는 바를 상대가 즉시 해야 한다는 생각이 깔린 것입니다. 자, 여기까지는 잘 이해될 겁니다. 그런데 막상 부모가 되면 아이 '나름의 생각'을 존중해 주기가 현실적으로 쉽지 않습니다. 바쁜 아침, 빨리 양치질을 하고 학교에 가야 하건만, 세월아 네월아 하는 아이를 보자면 정말 인내력 테스트가 따로 없습니다. 혼자서 옷을 잘 입고 준비하나 했더니 한겨울에 후드티 하나 달랑 걸치고 가방 메고 현관문으로 향하는 모습을 보면 "야!!" 소리가

부모의 말은 아이의 인생이 된다

절로 튀어나옵니다. 그래서 아이에게 나름의 생각이 있다는 건 알겠는데, 상황과 타이밍을 고려하는 센스까지 기대하는 건 어려운 일인 걸까 하고 생각하게 됩니다. 그런 센스가 어렵다면, 아이가 부모를 믿고 '아, 지금은 부모님의 표정이나 뉘앙스를 보니 급한 순간이구나'라고 판단하길 기대하는 건 정말 무리일까요? 이런 고민 끝에 우리 부부가 세 아이를 키우면서 '오, 좀 되네!' 했던 경험을 토대로 내린 결론은, 결국 부모를 믿고 따라오게끔 신뢰를 조성했을 때 그런 일이 가능하다는 것입니다.

부모는 '융통성', 아이는 '비일관성'으로 받아들이는 행동

아이가 어느 날 아무 이유 없이 유치원에 가기 싫다고 합니다. 그러자 날씨가 좋아 기분이 좋았던 엄마는 "그럼 오늘은 쉴까?"라며 미소까지 보이고 아이의 요구를 받아줍니다. 아이는 그런 엄마의 반응에 고개를 격하게 끄덕이며 신납니다. 그러던 어느 날, 아이는 또다시 유치원에 가지 않겠다고 당당하게 말합니다. 그런데 이번에는 엄마가 엄청 화를 내며 전에 잘못한 것까지 끌어내 야단을 칩니다. 어느 장단에 춤을 춰야 하는 건지 아이는 헷갈리기 시작합니다. 부모 입장에서는 '융통성'으로 아이의 요구를 수락해 준 것이, 아이에게는 '비일관성'으로 받아들여지는 것입니다. '이게 뭐지? 지난번에는 됐는데!'라는 생각이 들면서 혼란스러워집니다. 그 이후에는 부모의 결론이 예측되지 않으니 '에라, 모르겠다'라고 자기 마음대로 고집을 부리기 시작합니다. 혹은 예측되지 않으니 부모의 눈치를 보며 상황을 판단하는 습관이 생기게 되죠. 융통성을 발휘하고 싶다면 "오늘 꼭 가야 하지만, ~하는 이유로 오늘은 엄마가 ○○에게 시간을 주는 거야. 이건 아주 예외적인 일이지. 알겠니?" 하는 식으로 상세하게 설명을 해 주면, 그건 문제가 되지 않습니다. 그런데 이유도 타당한 설명도 없이 부모 감정에 따라 결정이 오락가락한다면, 부모 입장에서 그렇게 한탄하는 '말 잘 안 듣는 아이의 탄생'이 도래합니다.

일관성 유지를 위해
가족만의 건강한 원칙을 세운다

"유치원, 너무 가기 싫어요. 친구들도 재미없어!"

"그렇구나. 엄마도 일하러 가기 싫을 때가 있어. 사실, 매일 꾸준히 어딘가를 가는 건 참 쉽지 않아. 그런데 선생님과도 약속했고, 친구들도 모두 힘들지만 공부하기 위해서 유치원에 오는 거거든. 가기 싫은 마음이 든다고 해서 그 약속을 어길 수는 없는 거야. 어떻게 하면 기분 좋게 갈 수 있을지 생각해 보자."

부모의 말은 아이의 인생이 된다

맞벌이를 하며 세 아이를 어린이집과 유치원에 늘 보내야 했던 우리 부부는 무슨 홍역처럼 꼭 한 번씩 가기 싫어하는 아이 때문에 힘겨운 싸움을 해야 했습니다. 우리 부부는 뭐든 감정대로, 기분대로 할 수 없는 인생임을 생각할 때, '어릴 때부터 스스로 자기 감정을 조절하고 감내해야 하는 일이 있음을 가르치자'라는 원칙을 세웠는데요, 문 앞에서 슬픈 눈을 하는 아이를 바라보는 일은 정말 힘들어서 '그래, 이게 뭐라고. 오늘은 쉬자' 하고 흔들릴 때도 있었습니다. 하지만 책임감 있는 아이로 만들기 위해 이겨내자고 스스로 다짐하며 더 명확하게 이야기해 주고 들여보냈습니다. 그렇게 힘겹게 발걸음을 떼고 돌아섰건만, 막상 아이는 밝은 표정으로 귀가하던 일, 다들 경험 있으시죠?

일관적인 행동을 위해 우리 부부가 세운 원칙들은 이렇습니다.

- 기본적인 자기 책임(학교생활, 자기가 다니기로 한 학원 생활)은 성실하게 (등교, 등원, 과제) 수행한다.

- 금요일은 한 주 복습으로 시험을 본다. (한 주 복습 시험은 코로나 온라인 과정이 진행되면서 아이들이 온라인 수업을 잘 수행했는지 체크하기 위해 시작한 것인데, 중학생인 둘째까지 지금도 잘 이어오고 있습니다. 고등학생 큰아이는 제법 '스스로 공부 습관'의 끝판왕이 되었고요.) 시험 결과에 따라 금요일 밤의 이벤트가 결정된다.

- 게임은 정해진 시간만 한다.

- 휴대폰 사용 시간은 부모와 상호 합의한다.

- 친구들과 특별하게 외출하거나 장시간 놀 일이 있으면, 자신이 할 일을 그 전후에 분산해서 수행한다. (이 원칙은 아이들이 중학생이 되면서 더 멀리 나가서 친구들과 오래 놀고 싶은 마음에 스스로 세운 원칙이기도 합니다.)
- 게임을 하려면, 먼저 할 일을 다 한다. (이 원칙은 아이들이 고학년이 되면서 쉬는 시간에 게임을 하게 해달라고 해서 다시 가족 회의를 통해 조정하기도 했습니다.)
- 밤 10시에는 모든 가족이 모여서 함께 이야기하고 예배한다.

이런 원칙들은 아이들이 커 가면서 모두의 합의에 따라 조금씩 수정하기도 합니다. 하지만 모두가 지켜야 할 규칙이 있고, 새로운 규칙은 서로 의논해서 정한다는 기본 틀은 변함이 없습니다.

우리 집에서는 아이들이 본인의 휴대폰에 게임을 깔지 않고 부모의 휴대폰으로 게임을 하기로 했기 때문에 저녁 시간에 아이들이 휴대폰을 요구하면, 우리 부부는 별말 없이 휴대폰을 넘깁니다. 이런 원칙 덕분에 휴대폰 게임을 얼마 동안 할 수 있는지, 어떤 종류의 게임을 해도 되는지에 대한 갈등을 줄일 수 있었습니다. 상호 간에 규칙을 정해 놓고 정해진 시간 안에 싸우는 합의된 싸움을 '격투기'라고 합니다. 하지만 규칙이 없는 싸움은 '개싸움'이라고 하지요. 격투기는 끝나고 나서 관계가 바로 회복되지만, 개싸움 뒤에는 감정도 상하고 관계도 상합니다. 부모가 원칙에 기반해서 일관성 있는 행동이나 반응을 하면, 아이들은 부모의 반응을 예측하기 쉽기 때문에 그 반응 내에서 행동합니다. 또 상호 합의된 원칙이 있으면 아이들은 부모의 말에, 부모는 아이들의 말에 마음을 열고 듣기 때문에 서로를 설득하는 에너지도 적게 듭니다.

상대의 행동을 결정하는 '반응 민감도'

'저 사람이 하는 말이면 당연히 들어야지!'

'쟤가 부탁하는 것이면, 꼭 해 주고 싶어!'

살다 보면 인간관계에서 이렇게 반응하게 하는 사람이 꼭 있습니다. 그 이유는 '말하는 사람에 대한 반응 민감도'가 높기 때문입니다. 반응 민감도는 내가 하는 말에 상대가 어떻게 대응하느냐로 알 수 있습니다. 즉, 부모의 말을 잘 따르는 아이라면 부모에 대한 반응 민감도가 굉장히 높은 것입니다. 반면에 부모가 하는 말을 귓등으로도 안 듣는다면, 부모 말에 대한 아이의 반응 민감도는 매우 낮은 것이죠. 이렇듯 아이의 반응 민감도를 살펴보면, 아이가 부모의 말에 얼마만큼 집중하는지, 부모의 말이 아이에게 얼마나 영향을 미치는지 알 수 있습니다.

이때 헷갈리지 말아야 할 것은, 반응 민감도가 아이를 강압적으로 순응하도록 만든다고 높아지지는 않는다는 것입니다. 강압적으로 내 말에 순응하게 하는 방식은 아이가 자랄수록 더 큰 부작용을 일으키기 때문입니다. 또 '내 아이가 내 말은 꼭 들어야 한다'라는 고정관념이나 기대도 아이가 커갈수록 내려놓는 것이 마음 건강에 좋습니다.

그렇다면 부모와 자녀 관계에서 반응 민감도를 자연스럽게 높일 방법은 무엇일까요? 큰아이와의 대화 예를 통해서 우리가 실수했던 부분을 소개하겠습니다.

어느 날 아이가 학교를 다녀와서 "오늘, 물 안 가져가서 수현이가 주스 사 줬어"라고 했습니다. 그 말을 들은 저는 "너, 내가 시원하게 물 마시라고 냉장고에 넣어 놨는데 안 가져갔어? 아휴, 진짜!"라고 대꾸했죠. 그랬더니 아이는 "그 말이 아니잖아!" 하며 성질을 내더니 방으로 들어가 버렸습니다. 여기서 아이가 하고 싶은 말은 '수현이가 주스를 사 줬다'라는 것이었는데, 저는 '물을 챙기지 않은 딸의 행동'에 더 집중해서 아이의 행동을 교정하려는 반응을 보인 것입니다.

대부분의 부모는 아이들이 잘되기를 바라는 마음에, 무엇이든 미리 알려 주어 대비하게 해 주고 싶어서 아이의 행동을 교정하려는 말을 자신도 모르게 일상에서 자주 합니다. 하지만 그런 교정 목적의 대화 습관들은 "엄마, 아빠랑 이야기하기 싫어!"라는 반응을 불러일으킵니다.

우리가 아이들의 행동을 교정하는 말을 얼마나 자주 하는지 예를 들어보겠습니다. 책 읽는 아이에게 "우와, 책 재미있어?"라는 반응보다 "자세 똑바로 하고 앉아서 읽어!"라고 한다거나, 영어 책을 읽으면서 몰입해 있는 아이에게 지나가면서 영어 발음을 교정해 준다거나, 독서록을 쓰는 아이에게 "글씨, 똑바로 써라"라는 말을 던집니다. 간식을 주러 들어가서는 아이 방을 보며 "책상 좀 정리하면서 해라!"라고 말합니다. 모든 순간 아이의 행동 교정 거리가 보이는 것이지요. 우리는 지금, 문제 행동이 보일 때 바로잡아야 한다는 생각이 앞서지만, 아이 입장에서는 시시콜콜 참견하는 잔소리로 들려서 일상 대화를 하는 것도 피곤하게 여깁니다. 다음은 데일 카네기의 《인간관계론》에 나오는 한 내용입니다.

"아들아, 나는 너한테 너무 까다롭게 대했구나. 네가 아침에 일어나 얼굴에 물만 찍어 바른다고 학교에 가기 위해 옷을 입고 있는 너를 꾸짖곤 했지. 네가 신발을 깨끗이 닦지 않는다고 너를 비난했고, 네가 물건들을 마룻바닥에 던져 놓는다고 화를 내기도 했었지. 네가 학교에 가고, 나는 출근을 할 때 너는 뒤돌아보며 손을 흔들며 말했지. "잘 다녀오세요, 아빠!" 그때 나는 얼굴을 찌푸리며 "어깨를 펴고 걸어라"라고 너를 어른처럼 대한 것을 부끄럽게 생각한다. 내일 나는 참다운 아버지가 되겠다. 너를 꾸짖는 말이 튀어나오려고 하면 혀를 깨물겠다. 나는 의식적으로 계속해서 말하겠다. 우리 아이는 아직 작은 아이라고."

손을 흔들며 인사하는 카네기의 아이처럼 매일 우리에게 사랑의 표현을 하고 애정 어린 관심을 갈구하는 아이에게 우리도 책 속 아버지처럼 매번 교정하려는 까다로운 부모는 아니었는지 고해성사라도 해야 할 듯합니다.

일상의 대화를 아이와
재밌게 나누는 방법

친구들 가운데 유독 대화가 술술 잘되는 친구가 있는데, 그런 친구들은 상대의 말을 잘 듣고 '되돌려주기'가 능숙합니다. 이를테면 "파마를 했는데도 남편이 모르더라고!" 하면 "진짜? 뭐 달라진 거 없냐고 말이라도 해 보지. 그렇게 물어봤어?" 등 상대의 말을 잘 듣고 그 상황에 맞춰 다른 궁금한 점을 되돌려 묻는 것이죠. 즉, '상대 말 받아주기 + 되돌려주기'가 아주 적절하게 잘 이뤄집니다. 우리 부부는 이런 대화를 아이들과 일상에서 적용해 보려고 했습니다. '교정 대화'가 아닌 '아이 말 잘 받아주고 되돌려주기'를 하자는 것입니다.

아이   물 안 가져갔더니 수현이가 주스 사 줬어.
엄마   오, 고마웠겠다. [상대 말 받아주기] 무슨 주스였어? [되돌려주기 질문]

아이 　(시무룩한 표정으로) 오늘 선생님께 꾸중 들었어.

엄마 　*뭘 또 잘못해서 그랬니? (×)*

　　　속상했겠다. [상대 말 받아주기] 무슨 일이 있었는지 이야기해

　　　줄 수 있어? [되돌려주기 질문]

　이러한 '듣고 되돌려주기' 대화법은 교정 대화보다 일상의 대화
를 더 많이 늘려갈 수 있는 좋은 방법입니다. 아이의 소소한 말에 이
렇게 반응해 주면, 아이와의 일상 대화의 내용은 훨씬 풍성해집니
다. 일상 대화가 풍성해지면, 관계는 좋아질 수밖에 없습니다. 오늘
아이와 의미있는 수다를 쌓아서 인생에서 정말 중요한 관계 지수를
높이길 바랍니다. 이렇게 소소하게 부모와 대화가 잘되는 아이는,
부모의 요구에 반응이 달라진다는 것도 꼭 경험해 보세요.

,,

밥상머리 대화,
관계를 쌓고 가치를 나누는
최고의 시간

　　우리 집 원칙상 자기 할 일을 나름대로 소화하면 얼마든지 자유롭게 놀 수 있는 환경이므로, 아이들은 늘 주말에 바쁩니다. 그래서 우리 부부는 주말이면 '강제(?) 데이트'를 하는 일이 많아졌습니다. 돌아보니, 아이들과 한자리에 앉아서 밥 먹는 일이 가장 빈번한 시기는 초등학교 때까지였다는 다소 이른 한탄을 하기도 합니다.

　　초등학교 때까지 아이들과 밥 먹으면서 나눈 '밥상머리 대화'가 얼마나 소중했는지, 그 시기가 얼마나 결정적 시기였는지 새삼 실감하게 됩니다. 지금도 함께 모여 밥을 먹을 때면 늘 대화가 끊이지 않지만, 그 밑거름은 초등학교 때까지의 '밥상머리 대화'였음을 부인할 수 없습니다.

　　일반적으로 기존의 밥상머리 교육은 '아이들이 어른과 함께 자

　　　　　　　　　　　　부모의 말은 아이의 인생이 된다

유롭게 이야기를 나눈다'기보다는 '예의범절을 가르치고 배우는 것'을 의미합니다. 예를 들어 '윗사람이 먼저 숟가락을 든 후에야 숟가락을 든다' 등의 어른 공경을 바탕으로 두는 것 같습니다. 이렇다 보니, 어릴 적 밥상머리에서 수다스럽게 이야기를 주고받은 경험보다는 어른 앞에서 떠든다고 혼난 기억, 별 쓸데없는 말로 식사 시간이 지연되는 것에 대한 훈육이 많았던 것 같습니다. 우리 부부 역시 "뭐가 그렇게 말이 많아!", "그렇게 떠들 거면 나가!"라고 혼난 기억이 생생합니다. 이러한 밥상머리 교육의 패러다임을 우리 부부는 조금 다르게 적용해 봤습니다.

밥상머리 교육 1
함께 만드는 시간

우리 집에서는 "자, 밥 먹자!"라고 하면 아이들은 모두 나와서 수저나 그릇을 놓고 마실 물을 가져다 놓습니다. 방학 때가 되면 그 일은 좀 더 세분화되어 '아침 담당은 막내, 점심 담당은 둘째, 저녁 담당은 첫째'가 되는 것이지요. 아이들은 삶의 모든 순간에서 책임을 배울 수 있습니다. 우리 부부는 부모들이 그렇게 강조하는 '공부 책임감' 또한 자신의 일을 끝까지 해내는 이런 일들을 통해서 배울 수 있다고 믿고 있습니다. 그렇게 집안일에 어느 정도 '기여'하면서 아이들은 성장하고 자기 책임을 가지게 됩니다. (이 부분은 주도성과 관련해서 뒤에서 또 한번 자세히 이야기하겠습니다.)

물론 이런 책임을 나눌 때면 늘 "엄마! 아빠! 형이 안 해요!", "저만 해요!"라는 불평과 고자질이 난무하기도 했지만, 조율하고 방법을 바꾸며 어느 정도 정착되었습니다. 이제 아이들은 시간이 있을 때면 '양파볶음'을 직접 조리해서 반찬을 추가하기도 하고, 그릇 세팅을 고급 식당처럼 멋지게 하기도 합니다. 부모인 우리가 조금 더 할 수밖에 없는 것이 집안일이지만, 분명한 것은 아이가 할 수 있는 역할을 맡기고 함께하는 것이 결국 가족 공동체를 이루는 데 아주 중요한 요소라는 점입니다.

밥상머리 교육 2
문제를 해결하고 관계가 돈독해지는 시간

"어제 피구를 하는데, 6학년 형들이 운동장 사용 룰을 안 지켜."

막내의 불평에 다들 한마디씩 합니다.

"6학년은 이제 졸업이다, 이거지? 이제 떠나니 좀 봐줘라."

"그래도 그건 아니지. 그렇지만 5학년인 네가 뭐라 말하긴 힘들겠다."

"많이 속상했어?"

"야, 이거 하나 더 먹어. 위로 겸 주는 거야."

서로 주고받은 말끝에 대화는 "나도 곧 6학년 되니까, 뭐!" 하면서 마무리됩니다. 자신의 말을 가족들이 들어 주고 반응해 주는 것만으로도 왠지 아이는 홀가분해지는 표정입니다. 이처럼 밥상머리에서 자연스럽게 대화하면서 이야기를 나눈 경험은 지금까지도 영향을 주고 있습니다. 소소하지만 속상했던 이야기, 친구 때문에 아이들 표현대로 '빡친' 이야기, 요즘 배우는 과목 중 특히 힘든 수학 공식은 무엇인지 등을 나누는 자리가 됩니다. 각자 자기 나름대로 해결 방법들을 쏟아내며 지침을 주기도 합니다.

한번은 큰아이가 신생아가 버려진 사건에 관한 기사를 봤는지, 밥 먹다가 그 이야기를 꺼냈습니다.

"아빠, 세상에, 아기를 버렸대. 태어나자마자."

아빠는 바로 "진짜? 어떻게 그럴 수가 있대?"라고 질문을 던졌습니다. 대화가 많은 가정이라면 누가 먼저랄 것도 없이 자신이 본 기사 중 놀라운 사건에 관해 이야기하게 되지요. 이때 "어머, 야! 끔찍하다. 됐어, 그런 말은 하지 말자. 밥 먹자"라고 반응하기보다는 "어머, 정말 속상하다. 그 기사 보면서 어떤 생각이 들었니?" 등으로 질문해 보는 것입니다. 그렇게 이야기가 흐르면, 아이들은 자연스럽게 자기주장을 하게 됩니다. 이를테면 "사정이 있지 않았을까?", "아무리 그래도 아이를 버리는 건 정당하지 않아!" 등의 의견들이 오고 갑니다. 누가 뭐라 할 것도 없이 찬반 토의가 진행되는 순간입니다.

자신의 의견이 옳다고 목소리가 커지고 흥분하는 상황도 생기지만, 그런 순간은 '좋은 토론', '반론의 자세'가 무엇인지 이야기해 줄 '굿 타이밍'이 되기도 합니다. 이렇듯 대화의 주제는 개인 문제에서 사회 이슈까지 무궁무진합니다. 이런 분위기가 정착되어 부모들이 바라는 아이들의 상식과 이슈에 대한 토론 능력도 같이 올라갈 수 있었습니다. 생각, 토론, 이야기 나눔조차 각 잡고 '공부', '학원'이라는 방법으로만 채워지는 요즘에 조금만 신경 쓰면 이렇게 자연스럽게 아이들과 토론할 수 있습니다.

밥상머리 교육 3
휴대폰을 내려놓고 서로에게 집중하는 시간

외식을 하면 자주 보는 광경이 있습니다. 바로 가족 모두가 각자 휴대폰을 보는 모습입니다. 한마디 말도 없이 식사하는 내내, 그리고 나가는 순간까지도 휴대폰을 손에서 내려놓지 못하는 부모, 자녀의 모습이 드물지 않습니다.

어떤 경우에는 어린 아이들은 수저를 가지고 놀거나 혼자 멀뚱히 있고, 반대로 부모가 휴대폰을 보느라 정신이 없는 모습도 종종 봅니다. 어른들 입장에서 휴대폰은 업무에 관련된 이메일이나 급한 연락을 확인하는 수단이기도 하고, 입금을 하는 등 금융 업무의 수단

부모의 말은 아이의 인생이 된다

이기도 합니다. 그래서 무의식적으로 자주 확인하게 되지요. 하지만 그 모든 것을 지금 굳이 해야 할 필요가 없다면, 식사할 때만이라도 휴대폰을 보지 말자고 '의식'해서 멈추는 것이 필요합니다.

이렇게 휴대폰을 내려놓는 시간은, 우리 가족이 밥을 먹으면서 자연스럽게 눈을 마주치고 대화하는 중요한 시간입니다. 그래서 굳이 휴대폰을 봐야 하고, 아이들이 너무 보고 싶어 한다면 서로 합의하에 "음식이 오래 걸리는 것 같은데, 음식 나오기 전까지만 같이 잠깐 휴대폰 볼까?"라고 하세요. 우리 가족은 이런 원칙을 여행 가서도 적용하여 서로 휴대폰만 보는 일은 많지 않게 되었답니다.

밥상머리 교육 4
함께 영상을 보면서 이야기하는 시간

유튜브는 우리 부부뿐 아니라 아이들에게는 거의 지상파 수준 이상의 파워가 있습니다. 우리 아이들은 불금 다음 날인 토요일 아침에 잘 일어나지 못해서, 우리는 아이들이 흥미를 갖는 유튜브 채널을 틀어 놓고 잠에서 깨기를 유도하기도 합니다. 이때 아이들도 관심이 있고 우리도 볼 만한 채널을 선택합니다.

한때 우리 가족은 〈워크맨-Workman〉을 자주 봤습니다. 이 채널에서는 다양한 직업을 보여 줘서 관련 직업 내용이 다양한 이야깃

거리가 됩니다. 이를테면 〈놀이공원 아르바이트〉 편을 보면서는 그 일의 장단점은 무엇일지 미리 이야기 나눠 보고, 출연자가 일하는 모습을 보면서 '실제로 놀이공원에서 틈나는 대로 놀기는 쉽지 않겠다' 등 자신들의 느낌과 미처 알지 못했던 점을 이야기합니다. '저 직업은 노동 대비 임금이 좀 적다'라고 시작한 이야기가 '일이 힘든데 왜 적게 받아야 하나'라는 토론으로 확대된 적도 있습니다. 더불어 아이가 "저렇게 돈이 안 되니, 나는 하기 싫어"라고 말한 적이 있습니다. 이때는 그냥 넘어가지 않고 다른 관점의 질문을 던집니다. "그렇다면 저런 상황에도 불구하고 현재 저 직업을 갖는 분은 어떤 계기로, 어떤 의미를 가지고 일하는 걸까?"라는 질문을 던져 다른 관점에서 이야기를 나눠 본 적도 있습니다.

또 아이들의 생각과 다른 점을 부각해서 부모가 반대 입장을 대변하기도 합니다. 이렇게 영상 하나라도 같이 볼 수 있는 것을 선택하면 이야깃거리는 무궁무진합니다. 최근에는 아이들이 크면서 역사나 교양 관련 채널 등 함께 볼 영상이 더욱더 다양해졌습니다. 또 화제가 되는 드라마를 같이 보기도 합니다.

아이들이 밥상머리에서 어른들 대상으로 자기의 생각을 표현하고 그것에 대한 증거를 대며 이야기를 이어가는 것은 아이들에게 중요한 경험이 됩니다. 아이들이 의사 표현을 편하게 한다고 버릇이 없는 것은 아닌데, 가끔 "너 어른이 말씀하시는데" 등의 가부장적 표현으로 분위기를 경직시키는 경우를 보면 안타까운 마음이 듭니

부모의 말은 아이의 인생이 된다

다. 물론 무례하게 말하는 경우에는 "엄마, 아빠는 네 이야기를 존중해. 듣고 싶고. 그런데 그렇게 화를 내고 이야기하면 우리는 네 말에 집중하기가 어려워" 등으로 바로잡아야겠지요.

즉, 잘못된 행동을 바로잡아 주는 것과 말을 편히 못하게 하는 것은 분명 다릅니다. 어쩌면 우리가 흔히 말하는 '호구', 직장 생활에서도 상대 입장을 무조건 수용하거나, 싫거나 다른 의견이 있어도 표현을 못하는 '어른 호구'가 되는 데는 어릴 때 편하게 이야기를 주고받지 못한 경험이 큰 영향을 주는지도 모릅니다.

'자신감 뿜뿜'
아이로 만드는 최고의 방법

　요즘 아이들은 생각보다 일찍부터 "나는 뭐 하며 먹고살아야 할지 모르겠어!", "내가 잘하는 것이 뭔지 잘 모르겠어!" 등의 말을 합니다. 중학생이 되면 주변에 예체능으로 대회에 나가서 1등을 하는 등 자기 진로를 일찍 찾는 친구들을 부러워하기도 합니다. 초등학교 때부터 앞으로의 꿈을 적어 오라는 등의 '자기 탐색' 과정도 빨라지고 상세해지다 보니 아이들은 더 그런 생각을 하는 것 같습니다.

　"나는 정말 아직 되고 싶은 게 없어! 누가 꿈을 물어볼 때가 가장 난감해!"

　큰아이의 말에 이렇게 조언해 준 적이 있습니다.

　"꿈은 하루아침에 만들어지는 게 아니니까 네가 어떤 사람인지 알아가다 보면 좋은 길로 가게 될 거야!"

여기서 '네가 어떤 사람인지 알아가다 보면'이 핵심입니다. 우리 부부 중 엄마는 어릴 적 '말을 잘한다'라는 칭찬을 자주 듣고 자랐습니다. 중학교 때 드라마를 보고 친구들에게 열심히 재연을 해주면 친구들은 정말 자지러지게 웃고 울었죠. 또 어릴 적에 제 이야기에 귀를 쫑긋해 주는 언니와 동생도 있었습니다. 그 경험 덕분에 '나는 어떤 사람이지?'라는 물음에 '말을 잘하는 사람'이라는 자기 탐색이 자연스럽게 이뤄진 거죠. 그런 경험을 토대로, 조직에서 강의 기회가 왔을 때 고민 없이 선택했습니다. 이처럼 아이가 '나는 어떤 사람이지?'라는 물음에 답을 찾아갈 수 있도록, 부모가 일상생활에서 잘 관찰해 주고, 아이의 강점을 알려 주는 것은 무척 의미있습니다.

아이를 '감상'하자!

심리학의 아버지라 불리는 윌리엄 제임스(William James)는 '인간은 감상받고 싶어 하는 존재다'라고 말했습니다. 여기서 '감상'이라는 말이 크게 와닿았습니다. 가치 있는 예술 작품을 바라보듯(감탄하고 감동하며) 아이를 바라본다면, 아이들의 자존감은 물론 그 삶에 얼마나 큰 자신감을 줄 수 있을까요? 자연스럽게 우리도 누군가로부터 감상받고 싶다는 생각이 들었습니다. 부부가 서로 '감상'해 주고 산다면 그건 너무 이상적인 이야기일까요? 우선 아이에게 먼저 적용해 보기로 합니다.

그렇다면 어떻게 감상해야 할까요? 지금 내 앞에 있는 아이를 몰입해서 바라봐 주고, 아이 행동에 반응해 주는 것으로 실행할 수 있습니다.

[신나게 떠드는 아이를 바라보며]

예전에는 아이의 떠드는 소리가 생활 소음과 함께 그저 하나의 소음처럼 들렸다면, 지금은 잠깐 멈추고 아이를 바라봅니다. '아, 이거 의외로 쉽지 않은데'라는 생각이 밀려오지만 감상해 보기로 마음먹습니다. "우리 막내는 정말 말을 재미나게 한다."

지금 당장 해치워야 할 설거지나 청소가 아니라, 내 아이와의 교감이라 생각하면 실행하기 좀 쉽습니다. 사실 1년이 지나면 방 치운 기억보다는 아이와 함께 웃은 기억이 더 가치 있으니까요.

[친구를 위로하느라 늦은 아이를 바라보며]

속상한 친구를 위로해 주고 오느라 늦었다는 아이에게, 그전엔 "빨리 학원 가!"라고 짧게 대답했다면, 이제는 감상하듯 "우리 첫째는 친구들한테 공감을 정말 잘해 주는구나!"라고 그 순간에 머물러 이야기해 줍니다.

부모의 말은 아이의 인생이 된다

이렇게 머물러서 아이를 감상하다 보면 아이의 정말 보석 같은 면이 많이 보입니다. 늘 준비가 늦는 아이가 답답하기만 했는데, 자세히 보니 아이는 현재 하는 일에 몰입하고 있었던 것입니다. 책 한 권을 너무 더디게 읽는 게 답답했는데, 한 장 한 장 묘사 장면을 세세하게 보고 있었기 때문임이 이제 보입니다. 감상으로 인해 안 보이던 아이의 강점을 찾고 그 강점을 이야기해 줄 수 있게 됩니다. 물론 우리 부부도 매일 이렇게 하진 못합니다. 이렇게 저렇게 자기를 봐 주기 바라는 아이들의 시끌벅적한 관심과 호소를 들으면서, "당신이 어여 가서 감상해 줘"라고 서로 떠밀기도 하고 때로는 겨우겨우 하고 있음을 고백합니다. 그게 일상이니까요.

아이의 강점과 단점은 붙어 있다

한번은 아이 방에 액자를 걸어 준 적이 있습니다. 왼쪽과 오른쪽 균형이 아주 살짝 맞지 않아 액자가 약간 틀어졌습니다. 부모의 눈에는 괜찮아 보이는데, "아니야, 안 맞아" 하면서 계속 제대로 해달라는 아이를 보니 짜증이 밀려왔습니다. "왜 저렇게 까탈스럽냐!"라는 말이 자연스럽게 튀어나옵니다. 그런데 그 순간 떠오른 말이 있었습니다. '사람의 강점과 단점은 완전히 붙어 있다.'(심리학을 배우면서 제 스스로에게 주입한 마인드입니다.) 그 덕분에 아이에 대한 짜증도 누그러졌습니다. 우리 아이는 '공간 배치를 잘하고 싶어 하고, 그런 감각이 있는 것'입니다. 그게 '까다롭게 군다'는 단점과 붙어 있는 것이지요.

그래서 "우리 딸은 공간 구성 능력이 탁월하네. 사실 너, 공간에 가구를 어떻게 두는 게 좋은지 꼼꼼하게 보는 편이잖아. 그런 능력이 있다!"라고 이야기해 줬습니다. 그 말을 듣더니 아이는 "내가?"라고 눈을 크게 뜨면서 의아하지만 기분 좋은 듯한 표정을 지었습니다.

바로 이런 순간들이 '아, 나는 이런 것을 잘하는 사람이구나!'라는 생각들을 키워 주는 일상의 대화 순간입니다. 부모는 아이의 단점이 보일 때, 본능적으로 바로잡아 줘야 한다는 생각에 "왜 그렇게 까탈스럽니! 이 정도도 불편해하면 어떡하니?" 등의 단점 피드백을 자주 합니다. 가르쳐 줘야 한다는 생각 때문인데요, 질책하고 알려 줘야 할 때도 있지만, 일상에서 소소하게 보이는 모습을 통해 단점보다는 강점 위주의 피드백을 해 주는 것이 아이의 자존감을 향상시키고 아이가 자신을 탐색하는 것에 도움이 된다고 생각합니다.

세 아이 중 한 명은 밥을 먹을 때면 늘 "여기에 뭐 넣었어?"라고 묻습니다. 열심히 음식을 준비한 입장에서는 매번 음식 맛이 별로라고 은근히 타박하는 듯한 행동이 반가울 리 없습니다. 순간 '그냥 먹어. 네가 굶어 봐야 그런 소리가 안 나오지!'라는 말이 올라오지만, 당장 나오는 대로 뱉기보다 가치 있는 말을 하기 위해 삼킵니다. 다시 '뒤집기 시선'으로 봐 주는 거죠! 그래서 (순간 단점처럼 보이지만 장점으로 뒤집어 보는) 뒤집기 시선으로 대화했습니다. "너는 맛에 정말 민감하구나. 맛을 감별하는 직업을 가지는 것도 좋겠다. 음식도 잘할 것 같은데, 틈나면 같이 요리해 보자" 하는 식으로요.

그런 대화를 일상에서 나누다 보니, 아이는 매번 까칠하게 음식에 무엇이 들어갔는지를 묻던 것을 멈추고 "잠깐, 내가 여기에 뭐 들어갔는지 맞혀 볼까?" 하고 귀여운 표정으로 반문합니다.

소믈리에나 음식 평론가 같은 분들은 후각과 미각이 탁월하죠. 그런 분들께 있는 장점과 더불어 막내는 분위기를 정말 잘 띄우고 공감을 잘하고 말을 잘합니다. 그런데 붙어 있는 단점은 뭘까요? 네, 매우 시끄럽습니다. 어떨 땐 정말 '미칠 것' 같습니다. 그런데 이렇게 '뒤집기 시선'으로 바라봤더니 소소하게 아이의 행동을 바로잡으려는 대화는 줄어들고, 강점 대화가 많아졌습니다.

이런 일상 대화는 실은 매우 쉽습니다. 우리에게는 사실 다른 집 아이들의 장점은 기가 막히게 잘 찾아내는 능력이 있으니까요. 남의 떡이 더 커 보이고 잘 알지 못하는 사람이 더 매력적으로 보이는 것처럼 남의 집 아이의 장점은 잘도 봅니다. "아이고, 정말 밝네!", "어머, 참 진중하다", "어머, 섬세하네" 등의 말씀 자주 하시죠? 그런 시선을 우리 아이에게도 좀 주고 넉넉히 표현한다면, 아이의 자존감은 껑충 자랄 뿐 아니라, 스스로 '나는 ○○를 잘하는 사람이다'라는 자기 인식, 자기 탐색이 넓어집니다.

더불어 강점이 밖에서 너무 단점처럼 발휘될 것이 염려된다면, 이 정도의 말을 덧붙일 수 있습니다.

"○○야, 너는 음식의 재료를 정말 잘 알아맞혀. 그런데 밖에서는 너를 잘 모르는 사람들이 보면 자기 음식을 평가한다고 생각하거나 너무 까다로워 보일 수도 있으니, 그건 조심하는 센스를 발휘해야 해!" 또는 "넌 말을 참 재밌게 하는데, 식사할 때는 밥도 먹어야 하니 조금 있다가 다시 이야기해 줄래?" 같은 식으로요.

긍정심리학에서 말하는 '성격 강점'

"'긍정'이란 대체 무슨 의미일까요?"

긍정심리학 수업을 들으면서 교수님이 던지신 질문에 한참 생각했습니다. 그 질문에 '잘 웃는 것!'이라는 대답부터, '좋은 쪽으로 생각하는 것' 등에 이르기까지 다양한 답변이 나왔습니다. 그런데 교수님은 아주 간단하게 정리했습니다. 긍정은 부정의 반대말로, '인정'한다는 것이라는 말씀이었지요. '인정.' 내가 나를 긍정한다는 것은 '나의 모습을 인정한다'는 의미이며, 내가 아이의 모습을 긍정한다는 것은 '아이의 모습을 인정한다는 것'입니다. 있는 그대로 인정한다는 것이죠.

이 말씀이 새삼 크게 와닿았습니다. 그런 관점에서 '나는 아이의 성격, 모습을 긍정하는 부모인가, 부정하는 부모인가?' 하는 물음도 이어졌습니다. 긍정심리학에서는 행복의 요인으로 성격 강점을 꼽습니다. 성격은 각기 다르고, 그 성격 강점은 누구에게나 있다는 것이지요. 그래서 누구와 비교해서 좋고 나쁨이 아니라, 고유의 성격은 '모두 좋은 점이 있다'는 인정이 먼저 필요합니다. 그 성격의 강점을 최대한 발휘하고 사는 게 행복이라 말합니다. 즉, 자신의 성격 강점을 알고, 그것을 자신과 타인에게 긍정적으로 발휘하며 사는 것이 행복입니다.

성경에서는 은그릇은 은그릇대로, 질그릇은 질그릇대로 쓸모가 있다고 합니다. 하물며 사물도 다 쓸모가 있고 만든 의도가 있는데, 인간은 더욱더 그렇지 않을까요. 그런 관점에서 아이가 갖추지 못한 것을 요구하기보다는 타고난 강점을 일상에서 봐 주고, 그것을 토대로 자신의 길을 열어 가고, 또 그 자신감으로 더 성장하게 돕는 것이 가장 좋은 방향이란 생각이 듭니다.

우리 부부는 이런 생각으로 아이들과 서로 성격 강점을 찾아주는 시간을 가진 적이 있는데요, 그 중 몇 가지를 소개합니다.

- 💬 늘 가장 먹고 싶은 것을 잘 참았다가 맨 끝에 먹는 우리 둘째, 자기 조절력 짱!
- 💬 매사에 주어진 일을 정말 성실하게 해내는 우리 둘째, 끈기 능력 짱!

- 유쾌하게 농담을 잘하고 사람들을 참 행복하게 하는 우리 막내, 유머 감각 짱!
- 길 가다가 할머니들이 장사하는 것을 보면, 다 사 주면 안 되냐고 말하는 우리 막내, 착한 마음씨 짱!
- 엄마의 고민에 때때로 조언을 너무 잘해 주는 우리 첫째, 지혜 능력 짱!
- 뭔가 공정하지 않으면, 잘 따지고 문제를 찾아내는 우리 첫째, 공정성 능력 짱!

이 책을 읽는 여러분도 아이들과 함께 해 보시고 반짝반짝 빛나는 우리 아이들의 장점을 찾아 인정해 주시길 응원합니다.

우선순위 질서 원리 적용

삶에는 질서가 있기 마련입니다. 우리는 "건강을 잃으면 무슨 소용이야? 건강이 최고야"라는 말을 종종 합니다. 이 말은 인생의 모든 일에는 우선순위가 있다는 것을 내포합니다. 그렇게 인생의 우선순위를 정하면 삶의 질서가 잡혀서 다른 것을 그 위에 세울 수 있습니다. 건강한 몸을 위해 평소 우선순위로 운동하고 먹거리도 신경쓴다면, 그다음에 일을 하든 놀러 가든 선택할 수 있는 것이지요.

그 우선순위를 바꿔서 죽어라 일만 하다가 건강을 잃으면 다시 돌아갈 수 없는 법입니다. 우선순위의 일이 먼저 이루어져야 차순위도 잘 세워집니다. 이 인생의 '우선순위 질서 원리'를 내 아이와 내 삶에도 적용하는 것이 중요합니다. 공부 이전에 아이를 더 깊이 사랑하고 있음을 표현하는 것! 그것이 인생의 우선순위라 생각합니다. 그 우선순위가 지켜지면 공부도 잘하게 되지만, 공부만 좇다 보면 나중에 사랑을 표현한다 해도 뒷북이 되고 아이는 저만치 멀어져 있을지 모릅니다.

오늘 인생의 우선순위를 새롭게 세워 보면 어떨까요? '아이 감상하기', '아이 강점을 인정해 주기'부터 시작해 보세요.

성격 강점 TIP

지혜 wisdom	자애 humanity	용기 courage	절제 temperance	정의 justice	초월 transcendence
창의성	사랑	용감성	용서	시민 정신	감상력
호기심	친절	끈기	겸손	공정성	감사
개방성	사회 지능	진실성	신중성	리더십	낙관성
학구열		활력	자기 조절		유머 감각
지혜					영성

출처 Peterson과 Seligman(2004) VIA 분류 체계

✓ 지혜와 관련된 강점

① **창의성(creativity)**: 어떤 일을 새로운 방식으로 생각하는 능력, 참신한 사고

② **호기심(curiosity)**: 일어나고 있는 모든 경험과 현상에 흥미를 느끼는 자세

③ **개방성(open-mindedness)**: 다양한 측면에서 생각하고, 증거를 토대로 새로운 신념을 받아들이고, 자기 생각을 수정하는 자세

④ **학구열(love of learning)**: 새로운 지식, 기술을 배우고 숙달하려는 동기와 자세

⑤ **지혜(wisdom)**: 사물이나 현상을 전체적인 관점에서 생각하고 다른 사람에게 현명한 조언을 해 주는 자세

✓ 자애와 관련된 강점

① **사랑(love)**: 다른 사람과의 친밀한 관계를 소중하게 여기고 잘 유지하는 능력 및 사랑을 하고 받을 수 있는 능력

② **친절(kindness)**: 타인에게 호의를 보이고 선한 행동을 하려는 동기와 실천하고 보살피는 능력

③ **사회 지능(social intelligence):** 나와 다른 사람의 감정을 잘 파악하고 다양한 사회적 상황에서 어떻게 행동하는 것이 적절한지를 아는 능력

✓ 용기와 관련된 강점

① **용감성(bravery):** 어려운 상황에서도 위축되지 않고 이를 극복하는 자세. 옳은 것에 대해 자신의 의견을 이야기하고 신념에 따라 행동하는 것

② **끈기(persistence):** 한번 시작한 일은 마무리하여 완성하려는 자세. 어려운 상황에서도 지속해서 성취하는 것

③ **진실성(authenticity):** 거짓 없이 감정이나 행동을 표현하고, 그것에 책임지는 자세

④ **활력(vitality):** 밝고 활기차게 적극적으로 삶을 대하는 태도 및 생동감 있는 모습

✓ 절제와 관련된 강점

① **용서(forgiveness):** 타인의 행동을 용서하고, 다시 기회를 주며 앙심을 품지 않는 자세

② **겸손(modesty):** 성취에 대한 불필요한 허세가 없고, 자신의 성취에 타인의 주목을 구하지 않는 자세

③ **신중성(prudence):** 무언가를 행동하거나 선택할 때 조심스러워하며, 위험을 초래하지 않고, 후회할 일을 잘 만들지 않는 자세

④ **자기 조절(self-regulation):** 자신의 감정, 욕구, 행동을 적절히 조절하는 자세

✓ 정의와 관련된 강점

① **시민 정신(citizenship):** 자기가 속한 단체에 도움이 되는 것을 추구하고, 자기 역할에 충실하고 책임감 있게 역할을 수행하는 태도

② **공정성(fairness):** 대체로 모든 사람을 동등하게 대하고 공평하게 기회를 주는 자세

③ **리더십(leadership)**: 그룹을 조직하고, 그룹 활동이 잘 진행되도록 이끄는 자세. 함께하는 사람들을 고무시켜 좋은 관계를 만들고, 그것을 통해 각자 해야 할 일을 잘하도록 이끌어 주는 자세

✔ 초월과 관련된 강점

① **감상력(appreciation of beauty and excellence)**: 삶에서 만나는 다양한 상황에서 아름다움을 찾아내고 감탄하는 자세

② **감사(gratitude)**: 지금 삶에서 좋은 것이 무엇인지 잘 찾아내고, 그에 감사하는 자세

③ **낙관성(optimism)**: 좋은 결과를 예상하고, 그것을 이루기 위해 행동하는 자세

④ **유머 감각(humor)**: 웃음을 선사하는 행동. 쉽지 않은 상황에서도 즐거움을 발휘하는 것

⑤ **영성(spirituality)**: 인생의 근본적인 목적과 의미를 깨닫고 살아가는 자세

부모의 말은 아이의 인생이 된다

4장

사춘기 자녀와
대화를 여는 방법

사춘기는 부모와의 관계를
재정립하는 제2 성장기입니다.

사춘기의 도래,
'모르면 전쟁, 알면 평화'

아이들을 키울 때 느끼는 부모의 감정을 돌아보면, 대체로 '사랑스러움'과 '고됨'의 연속 같습니다. 힘만 세고 말이 하나도 통하지 않던 첫째 아이의 돌 때는, 이때만 지나가면 좋겠다는 생각이 굴뚝같았습니다. 그 시기가 지나니, 걷기만 하면 좋겠다고 생각했습니다. 시간이 조금 더 지나면서 아이 스스로 화장실만 가면 다 키운 것 같았습니다. 이제는 아이 스스로 걸어 다니고 밥도 떠먹여 주지 않을뿐더러 화장실도 스스로 갈 줄 아는 나이가 훨씬 지났건만, 또 다른 복병이 등장해 우리를 괴롭힙니다. 바로 육체의 힘듦만큼이나, 아니 어쩌면 그 이상일 수 있는, '마음이 힘든 시기'라고들 하는 '사춘기'입니다.

생애 발달 과정에서 반드시 필요한, 자녀의 '자기 주도적 삶을 위

부모의 말은 아이의 인생이 된다

한 사춘기'가 부모에게는 매우 고된 시기가 되는 것을 주변에서 자주 봅니다. 평소에 별 이유 없이도 잘 웃던 아이가 갑자기 무표정해져서 방문에는 '출입 금지'를 써 붙이더니, 노크를 깜빡 잊고 방문이라도 열라치면 부모를 미개인 취급합니다. 공부하라는 한마디에 발끈 화를 내고, 성적이나 학습 이야기를 꺼내려고 하면 표정이 돌변합니다. 최근에는 학업 스트레스가 더해져, 아이들의 사춘기가 곧 '우울증의 시작'이라고 말하는 전문가들도 많습니다. 예전에는 해맑게 웃으며 그저 노는 데 여념이 없는 초등학교 시절을 보냈는데, 요즘은 과열된 학업 스트레스와 더불어 대중매체의 영향과 서구식 식생활에 따른 호르몬 변화 등으로 사춘기를 겪는 나이가 앞당겨져 초등 고학년 친구들에게서 사춘기 양상이 자주 나타납니다.

아이마다 그 양상과 정도는 다르겠지만 순하디순한 아이에게도 한 번쯤은 사춘기가 꼭 온다고 하니, 이왕이면 학창 시절에 또래와 함께 자연스럽게 겪는 게 더 낫다는 선배들의 이야기도 일리가 있습니다. 누구나 겪는다는 이 사춘기를 우리 아이도 겪을 것이고, 또 겪고 있다면 부모는 어떤 준비를 하고 어떤 방식으로 대처하는 것이 현명할까요?

중요 집단의 변화,
부모에서 또래로

생전 브랜드를 따지지 않던 아이가 불현듯 자기 옷은 다 후지다고 짜증을 냅니다. 명품에 큰 관심을 두지 않던 부모는 자신들의 가치관 영향으로 아이도 소탈하게 크겠거니 생각했기에, 갑작스러운 아이의 변화가 당황스럽습니다. 그래서 꼰대처럼 한마디하지요. "야, 옷이 멀쩡하면 됐지, 후지고 안 후지고가 따로 있니?" 이런 부모의 잔소리는 안중에도 없는 아이는 연신 옷을 뒤지다가 맘에 드는 옷이 없다며 결국 입을 내밀고 나가 버립니다.

사춘기 아이들에게서 흔히 볼 수 있는 이런 모습은 '사회화 과정' 중 하나입니다. 안 그러던 아이가 부쩍 외모에 관심을 두고 브랜드를 따져 가며 옷을 고르는 모습을 보면 부모는 당황스럽기도 하고 혼내서 바르게 고치고 싶은 마음이 들기도 합니다. 하지만 이런 아이의 모습이 자연스러운 '사회화 과정'의 단면이라고 보면 조금은 이해됩니다. 사람은 사회의 일원으로 성장하면서 누구나 '사회화 과정'을 겪습니다. 그 과정에서 타자와의 적절한 자극과 반응을 주고받으면서 '자기 정체성'이 형성되는데, 그 중심부 역할을 하는 것이 또래 아이들이다 보니 부모가 보기에는 마뜩잖은 부분이 생기기도 하는 것이죠.

아이들이 어릴 때는 부모와의 관계에서 벌어지는 모든 일들이 아이들의 사회화 과정의 전부입니다. 아이들에겐 부모의 반응이 전부여서, 부모의 분노가 자기를 향하면 그 전부를 잃어버릴 수 있는 위기라고 느끼기도 합니다. 부모라는 세상이 그만큼 절대적이죠. 만약 그 시간으로 다시 돌아간다면 조금 더 지혜롭게 반응해 줄 것 같다고 생각하는 것은, 부모의 예상보다 그 기간이 길지 않다는 걸 알게 되었기 때문입니다.

아이의 전부였던 그 세상이, 즉 그 대상이 바뀌는 시점이 옵니다. 바로 또래 집단으로 바뀌는 것이죠. 그전엔 부모가 "우리 딸, 너무 예쁘다" 하면 그 말을 사실로 받아들이고 해맑게 웃던 아이가 이제는 "그만해, 나 얼굴이 비대칭이야. 진짜 예쁜 아이는 윤서야!"라며 또래 집단을 먼저 의식합니다. 또래 집단에서 자기가 키가 큰지, 예쁜지, 인정받는지, 집단 속 아이들과 비교하며 살기 시작합니다. 이처럼 아이가 중요하게 여기는 대상이 '부모'에서 '또래'로 옮겨가는 시기임을 인식한다면 부모의 대처도 유연해질 수 있습니다.

예를 들어, 아이의 친한 친구가 마음에 들지 않는다고 해도 어릴 때처럼 부모의 한마디에 아이가 친구와의 관계를 끊을 것이라는 생각은 버려야 합니다. 아이 친구를 쉽게 평가하고 그 친구와 놀지 말라고 하는 일은 아예 삼가야 합니다. 오히려 아이의 반발을 살 수 있기 때문입니다. 반발은 아이와의 갈등으로 이어지고, 아이가 아예 친구 이야기 자체를 하지 않는 계기가 될 수 있습니다. 아이가 부모와 말이 통하지 않는다고 생각하면, 그 파장은 부모가 생각했던 것보다 훨씬 커질 수 있습니다.

이성 교제 고민을
또래 친구와 상의한다

"우리 엄마에게 남자 친구 이야기하면 난 죽어! 그건 절대 안 돼."
아이가 자기 친구가 한 말을 들려줍니다. 그 말을 들으면서 내심 걱정이 가시질 않습니다. 요즘은 부모들이 개방적인 태도로 아이들의 이야기를 들어 주는 분위기이지만, 그렇지 않은 부모들 때문에 자기 문제를 부모에게 털어놓지 못하는 아이들은 여전히 많습니다. 혹은 부모가 다른 것은 다 좋게 봐 주지만, 유독 이성 교제 부분에 대해서는 절대 타협이 없다는 말을 들으면 통로가 막혔다는 생각이 듭니다.

그런 아이들은 부모에게 이성 교제 사실을 숨기고, 이성 교제를 하면서 생기는 속상한 일이나 '스킨십'에 대해 궁금한 것 등 여러 가지 문제들을 친구들과 상의합니다. 하지만 경험이 없는 또래들과의 상의는 위험한 줄타기를 하는 것과 같습니다. 성에 대해 보고 들은 것은 미디어를 통한 자극적이고 왜곡된 이야기일 뿐, 그것을 바탕으로 하는 또래의 성 상담은 가출을 야기하거나 호기심만으로 성 경험을 하게 하는 등 심각한 문제로 확대될 수 있습니다. 너무 과장되었

부모의 말은 아이의 인생이 된다

다고요? 통계에 따르면, 우리나라 청소년의 성 경험은 생각보다 높은 수치입니다. 그래서 우리 부부는 이성 교제를 어느 정도 이해할 수 있는 시기가 되었을 때부터 (제법 어릴 때부터) 교육을 해 왔습니다. 부모가 심각하게 각을 잡고 "이성 교제할 때는 말이야"라고 하면 굉장히 어색하고 오버하는 잔소리가 되기 쉽기 때문에 어릴 때부터 자연스럽게 접근하려 한 것이죠.

한 예로 밥상머리에서 '데이트 폭력' 기사를 주제로 아이들과 이야기를 나눴습니다. 어두운 기사지만 이야기의 골조는 유지하되 순화해서라도 이야기했던 이유는, 아이들에게 겁을 주자는 의도가 아니었습니다. 건강하지 않은 데이트가 무엇인지, 주로 어떤 상황일 때 그런 무서운 일이 벌어지는지를 알려 주고 그런 상황 자체에 분별적 거부감을 가질 수 있도록 하기 위해서였습니다. 그러면서 야심한 시각에 이성과 있을 때 벌어질 수 있는 일이나 남성의 성적 특성에 대해서도 자연스럽게 이야기했습니다.

안 좋은 점을 이야기했다면, 반대로 좋은 연애란 어떤 것인가의 이야기로 넘어갑니다. 아이들은 나이가 어려도 남녀의 사랑 이야기, 데이트 이야기를 참 재미있어합니다. 밥상머리에서 이런 이야기를 자연스럽게 자주 하다 보니, 우리 아이들에게 행동 규범 같은 것이 생겼습니다. 예를 들어, '밤 10시 이후에는 나가지 않는다', '혼성으로 늦은 밤에 (특히 다수의 남자아이들 틈에) 함께 있지 않는다', '부모님이 안 계신 빈집에는 가지 않는다' 등입니다.

어릴 때부터 자리잡은 이런 규범들은 아이들의 행동에 가이드라 인을 제시하기 때문에 판단이 흐려질 때 바로잡을 수 있는 역할을 합니다. 따라서 어릴 때부터 이런 대화를 자연스럽게 하며 교육하는 것이 효과적입니다.

이처럼 또래와의 관계가 더욱 중요해지는 시기에는 그 관계를 존 중하되 부모와 좋은 관계를 유지해서 진짜 중요하고 어려운 문제들 은 또래가 아닌 엄마나 아빠와 상의할 수 있게 해야 합니다. 반드시 기억해야 할 점은 '부모와의 친밀함'입니다. 부모가 아이와 친밀한 관계를 유지하려면 "그건 나쁜 거야!"라거나 "너 그렇게 하면 절대 안 돼!"라는 이분법적인 판단의 말을 조심해야 합니다. 아이들을 통 제하려는 말들은 아이들을 더 멀어지게 하는 것임을 기억하며, 아이 들을 대하는 언어적, 심리적 규칙이 바뀌어야 하는 때가 바로 사춘 기 때임을 명심해야 합니다.

우리 집 아이들은(실제로 세 아이 모두 사춘기 나이) 또래 친구와의 어려움이나 관심 있는 이성 친구의 이야기를 잘하는 편입니다. 그때 엄마로서 조언이나 해결책을 제시하려는 마음을 자제하고, "웬일이 니! 정말?", "당황스러웠겠다" 등으로 호응하며 아이의 말을 충분히 들어 주고 한두 마디 조언을 살며시 건네는 것으로 마무리합니다.

아이와 대화 통로가 닫히지 않길 바라기 때문에, 사춘기 아이와 의 대화는 특히 더 조심하려고 노력합니다. 관계의 통로가 닫히면 아이는 정말 중요한 문제를 우리와 상의하지 않으려 할 것이기 때문입니다. 잘 생각해 보면 그게 제일 겁나는 일이 아닐까요? 부모가 베이스캠프처럼 늘 그 자리에 있어서 아이가 힘들 때, 지칠 때, 혼란스러울 때 찾을 수 있다는 믿음은 부모가 아이에게 줄 수 있는 가장 중요한 역할이라고 생각합니다. 아이에게 이 믿음만큼 중요한 것이 또 있을까요?

누구나 '관종'이 되는 시기,
사춘기

발달심리학에서는 사춘기를 인생에서 '자기 중심성'이 가장 높은 나이라고 합니다. 자기 중심성은 말 그대로 모든 것을 자기를 중심에 둔 관점을 의미합니다. 인생의 중심축은 언제나 누구에게나 '자기 자신'이겠지만, 특히 사춘기 때의 중심은 오로지 '자기'입니다. 같은 맥락에서 사춘기의 특징을 보여 주는 재미있는 이론이 바로 '상상 속 관중(Imaginary Audience)' 이론입니다.

'상상 속 관중'은 타인들은 나를 바라보는 관중이고, 그 관중들이 언제나 나를 쳐다보고 있다는 인식을 뜻합니다. 실제로는 그 누구도 나에게 관심이 없는데, 자기 외모는 물론 일거수일투족이 관중들의 주목을 받고 있다고 느끼는 것이죠. 그렇게 상상 속 관중들을 의식하다 보니 사춘기 아이들의 외모에 대한 관심은 가히 폭발적입니다. 그런데 그 기준이 객관적 시선이 아닌 또래의 시선에 맞춰져 있어서 부모가 보면 이상해 보이는 화장도 또래 아이들 사이에서 인정받으면 그만입니다. 부모가 보기에는 답답하고 고쳐 주고 싶은 마음도 들지만, 상상 속 관중을 의식한 행동이니 어쩔 도리가 없습니다.

간혹 남자아이들이 외모에 신경 쓰는 것을 못마땅해하는 아빠들을 봅니다. 그런데 이와 같은 사춘기 아이들의 특성을 염두에 둔다면 아빠들의 말도 달라질 수 있을 거라고 생각합니다. 여드름 때문에 거울을 자주 보는 아이에게 "야, 사내자식이 거울 좀 그만 봐!"라고 하기보다는 "여드름 신경 쓰이면 피부과에 같이 가 볼까?"라고 하는 것이죠. 누군가를 이해한다는 것은 그 대상을 알고 싶은 마음에서부터 시작된다는 것을 우리 부부 또한 되새기며 아이들을 키우고 있습니다.

사춘기에는 어릴 적에는 마냥 자랑스러워하던 부모에 대해서도 아이들의 관점과 행동이 달라집니다. 부모의 외모를 자신이 더욱 신경 쓰고, 부모의 행동에 불만을 느끼기 시작합니다. 이를테면, 시장에서 가격을 흥정하려고 하면 "하지 마!" 하며 제재를 한다거나, 부모의 큰 목소리에 민감하게 반응하며 창피해합니다. 이런 행동은 모두 상상 속 관중의 영향 때문입니다. 부모를 자녀의 입장이 아닌 객관적인 시각으로 보기 시작하는 것이죠. 부모의 모순을 비꼬기 시작하고, 부모의 직업에 대해서도 그저 대단하다고만 생각하지 않습니다.

예전에는 세상에서 가장 멋진 부모였는데, 이제 그런 감정은 자연스럽게 줄어듭니다. 어쩌면 인간 대 인간으로 부모를 바라보기 시작하는 첫 시기라고나 할까요? 이렇듯 영웅에서 인간 대 인간으로 바라보기 시작하는 시점이 부모에게는 쓰라린 순간이지만, 또 이 시기가 지나고 나면 인간 대 인간의 연민, 고마움, 애잔함 등의 마음이 따라오는 관계의 성장도 기대할 수 있습니다.

사춘기의 언어로
대화하고 계신가요?

유튜브를 운영하다 보면, 자녀와의 갈등, 특히 사춘기 아이들과의 소통을 어려워하는 부모님들을 자주 접합니다. 댓글로 올라오는 질문에 좀 더 제대로 된 답을 하기 위해 한창 사춘기이던 첫째를 인터뷰한 적이 있습니다. "네 생각에 사춘기 아이 부모님께 도움이 되는 이야기를 해 주면 돼."라고 사전에 부탁한 후 인터뷰를 시작했습니다. 그중 부모인 우리에게도 기억에 남는 내용이 있습니다. 우리는 아이에게 다음과 같은 질문을 던졌습니다.

"어떨 때 엄마, 아빠 말을 듣기 싫으니?"

이 질문의 의도는 부모가 조심해야 하는 말 습관이나, 무심코 하는 말 중에 아이의 마음을 상하게 하는 것이 있는지 알아보기 위해서였습니다. 이를테면, 아이가 공부하려고 하는데 힘 빠지게 부모가

부모의 말은 아이의 인생이 된다

공부하라고 잔소리한다거나, "방 좀 치워!" 같은 매번 먹히지도 않을 잔소리를 하는 상황을 예상한 것이지요. 그런 말들을 아이의 입을 통해 듣는 것이 우리 부부의 채널을 보는 부모님들께 우리 입으로 설명하는 것보다 훨씬 더 효과적일 것 같았습니다. 그런데 우리 기대와는 전혀 다른 답변이 돌아왔습니다.

"대부분 듣고 싶지 않아요!"

'아니, 대부분이라니……!' 기가 찼습니다. 인터뷰고 뭐고 이건 아니라는 마음이 들어서 하마터면 '야! 이 정도면 좋은 부모야! 너 그거 알긴 알아?'라는 속내가 목구멍까지 올라오며 아이를 붙잡고 엄청난 서운함을 토로할 판이었습니다. 그러나 인터뷰를 이어가기 위해서 마음을 추스르고 다시 물었습니다.

"그래도 엄마, 아빠 말을 잘 들을 때도 있잖아. 그땐 그럼 무슨 생각으로 듣는 거야?"

그 질문에도 예상치 못한 답변이 돌아왔습니다.

"뭐 사 줄 때나 용돈 줄 때요!"

"아, 그럼 혹시 대한민국 사춘기 자녀를 둔 부모님들께 한마디해 주고 싶다면?"

"그냥, 아이들 좀 놔두세요!"

이렇게 '반전' 인터뷰는 끝이 났습니다.

여기서 한 가지 확실하게 짚고 넘어갈 것은 이 인터뷰를 한 우리 집 첫째는 대한민국의 아주 평범한, 나름대로 학업 성적이 중상위권에 드는 중학생이었다는 것입니다. 내심 '그래도 우리 정도면 아이들을 위하고 잘 참아 주는 부모'라는 자부심이 있던 우리로서는 충격적인 인터뷰가 아닐 수 없었습니다. 그렇다고 속이 훤히 들여다보이게 "얘들아, 엄마, 아빠 정도면 굉장히 양호한, 그러니까 너희들 입장을 고려한 육아를 해 왔다고 자타가 공인하는 부모야"라고 할 수도 없었습니다.

이처럼 사춘기 아이들은 부모의 생각과 괴리가 커도 너무 큰, 그냥 바라만 보기에는 인내심을 시험하는 듯한 순간이 참 많은 존재임에는 분명합니다. 부모 입장에서는 아이들 스스로 잔소리를 부르는 시기가 '사춘기'라는 확신이 드는 인터뷰였습니다. 이론을 알고 있어도, 늘 현실에서는 '아휴, 저걸 그냥!' 하고 싶은 게 현실 육아지요. 그런데도 되돌아 마음을 쓸어내리며 우리 부부가 터득한 사춘기 아이와의 대화는 결국 '잔소리 같지 않게 잔소리하기'입니다.

사춘기 아이와 대화할 때
기억해야 할 것

요즘 아이들은 빠르면 초등학교 때 SNS를 시작합니다. 큰아이와 수다를 떨다가 서로의 페이스북을 보고 깜짝 놀란 적이 있습니다. 개인적으로 하고 싶은 말을 죽 써서 올리는 4050세대와 달리, 10대

아이들의 SNS에는 짧은 글이나 이미지가 대부분이고, 더욱이 영상이나 사진으로 하고 싶은 말을 대신하고 있었습니다. 세대 차이라고 넘길 수도 있겠지만, 아이가 제 페이스북을 보다가 "헐, 이게 뭐야? 누가 이런 긴 글을 읽어. 재미없어!"라고 핀잔할 때는 저도 '헐' 했습니다. 가만히 생각해 보니 '누가 읽어 주기나 할까' 싶은 글들, 정치, 종교, 교육에 관한 개인적인 의견이 길게 쓰인 제 페이스북 담벼락이 좀 쓸쓸하게 느껴졌습니다. 잠깐 나눈 대화였지만, 제 SNS에 대한 아이의 반응으로 요즘 아이들이 부모의 장황한 설교나 논어 맹자식 훈계를 좋아하지 않는다는 것을 다시금 느낄 수 있었습니다. 아이와 어떤 방식으로든 대화하기 위해서는 지나치게 진지하지 않아야 한다는 것을 말이지요.

첫째, 할 말은 무심하게 쓱

"그거 이따 하려고? 지금 하는 게 나을 텐데."

계속 과제를 미루는 아이에게 쓱 한마디하고 지나갑니다. 하고 싶은 말을 쓱 가볍게 전달하자는 것이 우리 부부가 정한 숏(short) 잔소리 기법입니다.

"아침에 계획 세우는 게 편할 텐데, 세우면 알려 줘." 그렇게 쓱.

"지저분하면 집중 안 되지 않니?" 이렇게 포인트만 짧게 쓱 던져 주고 빠지는 방식이죠.

부모도 하고 싶은 말을 안 하고 살 순 없으니 이처럼 '쓱 화법'으로 무심히 던지는 것인데 이 방식에는 한 가지 핵심이 있습니다. 무심하게 툭 던지고 돌아서는 것입니다. 절대 내가 던진 말에 아이가 분명한 말투로 "네!" 하기를 기대해서는 안 됩니다. "너, 대답 안 해?", "대체 몇 번 말해?", "듣고 있어?"라고 되묻지 않습니다.

사춘기가 슬슬 시작되는 아이가 있는 집이라면 아이가 대꾸를 안 해서 짜증이 밀려왔던 경험이 있을 겁니다. 우리 집 아이들도 고학년이 되면서는 이런 모습을 자주 보여서 가끔은 "네가 대답해 주면 엄마가 '내 말을 들었구나!' 알게 돼서 반복해서 묻지 않을 것 같으니 대답은 해 줘!"라고 대답을 요구한 적이 있습니다. 하지만 본격적인 사춘기로 접어드는 중2 시기에는 이것마저도 매번 잔소리가 되는 듯해서 하지 않았습니다.

한번은 제 질문에 아무 소리도 안 하는 아이에게 짜증이 밀려와 문을 쾅 열고 "너! 엄마 말하는 소리 안 들려?"라고 진심으로 답답해서 물었습니다. 그러자 아이는 아무렇지도 않게 "들었는데!" 하며 눈을 동그랗게 뜨고 당돌한 표정으로 바라보는 것이었어요. 최근 유행하는 '맑은 눈의 광인(우리 아이에게 이런 말을 써도 되는지 살짝 망설여지지만 말 그대로 그 모습과 너무 닮았어요)'을 마주하는 느낌이었습니다. '들었으면 됐지, 대꾸를 해야 해?' 하는 표정이었다고나 할까요. 어찌 됐든 소통의 목표는 '실천은 정확히, 충돌은 최소화'하기 위한 것이니 그 일이 있고 나서는 아이가 명확한 답변을 하리라고 기대하지도 바라지도 않게 되었습니다.

또 하나, 아이의 표정을 맘대로 바꾸려 하지 마세요. "표정이 그게 뭐야?", "딱 보니 불만인 표정인데?" 등의 말은 자제해 주세요. 내면의 복잡함을 얼굴 가득히 드러내는 시기이니, 표정을 공손하게 바꿔 주길 바라지 말고 그냥 '너의 표정은 너의 것'으로 두세요!

그렇게 작정하고 무심한 척했던 전략이 통했던 것일까요? '중2의 캄캄한 터널'을 지난 후 아이는 요즘 대답을 곧잘 합니다. 어디 그뿐인가요? 우리 부부의 질문에 대답을 안 하는 둘째, 셋째에게 "야! 너 대답 안 해?"라며 사이다 발언을 하기도 하니, 이게 웬일인가요! (지금 사춘기 터널을 지나는 아이를 두신 분들 꼭 기억하세요! 언젠가는 제정신으로 돌아옵니다. 조금만 더 인내하세요!)

물론 이런 말씀을 하는 분도 계십니다. "우리 아이는 안 그러는데요. 대답도 곧잘 하는 편이에요!" 그런 운 좋은 부모님이 계시다면 이런 말씀을 드리고 싶습니다.

"뇌의 폭풍 성장과 호르몬의 급격한 변화 속에서도 태도나 감정의 변화가 크지 않고 스스로 조절이 가능한 아이가 있다면 그건 정말 고마운 일이니 아이에게 고마움을 꼭 표현하세요."

둘째, 관계의 질과 대화의 질 챙기기

'감정 계좌'라는 말을 들어 보셨나요? 은행에 돈을 저축하듯, 평소 관계에서 발생하는 좋은 감정을 차곡차곡 저축하라는 것입니다. 통장에 예금되어 있는 돈이 넉넉하면 인출할 돈이 많다는 뜻이죠.

그렇듯 좋은 감정이 저축되어 있는 관계는 가끔은 조금 삐걱거리더라도 큰 문제가 되지 않는다는 뜻입니다. 저축되어 있는 좋은 감정이 완충 효과를 해 주기 때문입니다. 이 부분은 우리가 이 책에서 내내 강조하는 점입니다. 그만큼 중요하고 또 중요합니다. 사춘기는 그동안 모아 뒀던 감정 계좌의 능력이 '때는 이때다!' 하며 발휘되기 좋은 시기입니다. 그동안 아이와 함께 부었던 감정 계좌에 잔고가 많을수록 아이와의 갈등 회복도 빠르고 상처도 깊게 남지 않습니다. 이를 위해서 부모는 아이와의 대화의 질적, 양적 내용을 한번 되새겨 봐야 합니다. 예를 들어, 아이와의 하루 대화 중에서 잔소리와 유쾌한 대화(유머, 칭찬, 격려, 응원, 사랑 표현 등)의 비율을 생각해 보고 그 비율이 잔소리 쪽으로 월등하게 치우쳐 있다면 비율을 2:8로 조정하는 것을 권합니다.

> **잔소리 : 유쾌한 대화**(유머, 칭찬, 격려, 응원, 사랑의 표현) = 2 : 8

이는 우리 부부도 염두에 두는 원칙입니다. 가족이라는 관계는 일단 편하기 때문에 의식하지 않으면 친절한 말, 따뜻한 말을 주고받기 쉽지 않습니다. 일상의 잡다한 일거리들, 팍팍한 일정, 자잘한 걱정들이 다정하고 즐거운 대화는 모조리 삼켜 버리는 느낌이랄까요?

한 조사에 따르면 5년 후 행복한 가족의 모습을 '지금 가족이 나누는 대화의 질'로 알 수 있다고 하니, 지금 우리 가족 대화의 질을 돌아보는 것은 분명 필요한 일 같습니다. 그래서 저희는 하루 중 잔소리가 너무 많았다 싶으면 그때부턴 잔소리를 일단 자제하는 편입니다.

반찬 투정하는 아이에게 "○○가 반찬하는 거 아니잖아. 그냥 먹어!" 하는 대신 "(유머를 섞어 가며) 입맛이 그렇게 고급이시니 이번엔 그냥 먹어 주시고 다음에 조언 한 번 해 주시죠!"라고 한다거나, 툭하면 "이거 하면 뭐 해 줄 거야?"라고 물으며 조건부 실행을 약속하는 아이에게는 "(손으로 하트를 표시하며) 사랑을 드리리다!" 등 가볍게 웃고 넘길 수 있는 유머로 대응합니다. 그러면 짜증으로 번질 뻔한 상황이 부드럽게 넘어가곤 합니다.

또 깨알 같은 반응도 놓치지 않고 "오! 오늘은 대답해 주신 거야? 황송하네!"라고 가뭄에 콩 나듯 하는 아이의 대꾸에도 크게 환영하는 반응을 하기도 하지요. "일찍 들어와 줘서 감사! 내가 이래서 우리 ○○를 좋아해" 등 사소하지만 칭찬거리를 찾아 감정 계좌에 쑥쑥 넣어 놓습니다. 그러면 상대적으로 잔소리한다는 느낌도 줄어들고 때로는 "우리 딸은 다 잘하는데, 책상 정리가 잘 안 되네. 오늘은 엄마가 사랑을 담아 치워 줄게!" 하는 식으로 바꿔 말하는 여유가 생기기도 합니다. 서로서로 도움이 되는 것이죠.

이렇게 하면 정말 사춘기 아이와의 소통이 달라질지 의구심이 들 수도 있지만, 우리 부부의 경험으로는 감정 계좌에 좋은 감정이 넉

넉할수록 무심하게 '툭툭' 던지는 잔소리나 훈계를 아이들이 더 잘 받아들이는 경험을 했습니다. 바로바로 실행하지 않더라도 툭 던진 말을 기억했다가 나중에 해 놓기도 하고요. 물론 아무렇지도 않게 무시되는 경우도 있습니다. 그렇지만 감정 계좌에 좋은 감정의 잔고가 많으면 많을수록, 사춘기 아이와의 대화나 설득이 더욱 원활해진다는 것은 분명한 사실입니다.

셋째, 징벌보다는 보상으로

"너 그렇게 할 거면 나가!"

"내가 치사해서 나간다!"

답답하고 화가 나서 한 소리인데, 아이들이 정말로 집을 나가는 경우가 생깁니다. 우리가 애청하는 유튜브 채널의 한 목사님은 이런 협박을 받은 사춘기 아들이 '경제적으로 자립이 안 된 자녀에게 비열한 협박'이라는 반발을 하더라는 이야기도 했습니다. 생각해 보면 '지금 경제권은 우리한테 있지. 돈도 없으면서 어쩔 건데?' 하는 협박성 마음이 없진 않습니다. 사실 그렇게라도 생색을 내야 직성이 풀릴 때가 있고, 그것으로 자세라도 반듯하게 잡기를 바라는 마음도 있지요. 그런데 어디 상황이 우리가 바라는 대로 딱딱 따라와 주던가요? 나가라고 한다고 진짜 나가는 아이를 보면 부모는 기가 막히다 못해 속이 터져 죽을 지경입니다.

뇌의 성장이 폭발적인 아이들은 감정 기복이 심해지고 조절이 안 되다 보니 결과를 생각하지 못하고 당장의 감정대로 행동합니다. 부모 말을 곧이곧대로 받아들이고 우발적인 행동을 하는 것이죠. 극단적인 사례로 충격을 줬던 기사도 있었습니다. "그럴 거면 나가 죽어!"라는 부모의 말에 정말로 높은 곳에서 뛰어내린 한 사춘기 아이의 사례는, 복잡한 뇌의 화학작용과는 반대로 사춘기 아이들이 또얼마나 단순한 반응을 보일 수 있는지를 잘 보여 줍니다. 물론 이런 극단적인 행동이 나오기까지는 오래 쌓인 여러 복잡한 갈등이 있었을 것이고, 그때 그 한마디가 갈등을 폭발시키는 결정타가 되었을 것입니다.

이렇게 복잡다단한 사춘기 아이들이기에 그 시기 아이들과의 대화는 더욱더 조심해야 합니다. 우리 부부는 아이의 잘 안 되는 부분, 즉 스스로 조절 능력이 떨어지고 절제를 어려워하는 부분에 벌을 가하기보다는 잘했을 때의 보상에 초점을 두는 편을 선택했습니다.

"조금 참고 해 보면 어떨까? 그 이후에 네가 원하는 것을 다시 말해 줘!"

"네가 말한 ○○, 생각해 볼게! 정말 가지고 싶다면 조금 더 노력해 보자."

잘한 행동의 보상으로 무언가를 제안하는 것은 아이가 외적 동기에만 의존하는 경향이 생길 수 있으니 지양하라는 말도 있지만, 사춘기 시기에는 외적 동기의 보상과 아이의 목표가 일치할 때 강력한 동기로 작용할 수 있어 아이의 몰입력을 높이기도 합니다. 그래서 아이에게 "너 그렇게 제대로 안 하면 실패할 거야!"라는 말보다는 "조금 집중하면 원하는 ○○를 금방 얻을 수 있겠는데! 충분히 할 수 있어!"라는 응원의 말로 희망적인 메시지를 주는 것이 중요합니다.

외국인과 대화하기 위해서는 해당 외국어는 물론 그들의 문화와 관습을 익히는 것이 당연한 과제입니다. 이렇게 이제는 잠시 별나라 외계인이 되어 버린 우리 아이들의 사춘기를 바라볼 때도 그런 마음을 가진다면 어떨까요? 외국어 회화가 그렇듯 아이들과의 대화에 필요한 언어 역시 기본 문장 몇 가지만 익혀도 다양하게 활용할 수 있으니, 지레 겁먹을 필요는 없습니다. 아이들과의 관계를 해치지 않으면서 더 쉬운 언어로 아이들과 소통할 수 있느냐 없느냐는 부모님의 마음가짐에 달려 있습니다.

사춘기 반항,
'진압할 것인가? 참을 것인가?'

"시험이라며? 그런데 휴대폰만 볼 거야?"

"너 숙제 언제 해? 누가 다른 공부하래? 숙제만이라도 하라고!"

"언제까지 잘 거야? 일어나."

"머리가 그게 뭐야?"

사춘기 아이를 이해해 보겠다고 다짐한 친구가 전화로 아침에 또
저렇게 잔소리를 퍼부었다며 하소연했습니다. 이해하다가도 멈춰
서 바라보면 정말 잔소리가 끝이 없게 된다는 것이죠. 휴대폰 볼 때
만 눈이 반짝반짝하고, 공부한다고 잠깐 앉더니 계속 졸리다고 하
고, 엎드려 있고, 뭐 먹을 때만 신나 하는 등 이루 헤아릴 수 없지요.
그뿐인가요. 말의 수위도 세져서 가슴이 철렁해집니다. 아이가 "나
미치는 거 보고 싶어?", "콱 죽어 버릴 거야!" 등의 말이라도 하면 가

습이 철렁하면서도, 이걸 그냥 놔둬야 하나, '진압'해야 하나 헷갈립니다. 그러다 아빠들이 개입되면 일은 종종 더 커지죠.

"너, 그럴 거면 아무것도 하지 마!"

"네가 뭐가 힘들어? 네가 하는 게 뭐가 있다고?"

"세상이 쉬운 줄 알아? 네가 나가서 돈 벌어 봐. 쉬운지."

여기서 잠깐. 아이의 거센 말에 나름 혼을 냈는데, 아이가 더 난폭해진다면 일종의 반항이 시작된 것입니다. 세게 혼내면 순순히 누그러지던 때가 있었지만, 사춘기 때는 다르게 반응합니다. 문을 쾅 닫고 "에이 씨!" 하며 나가 버린다거나, 표정을 험악하게 구기는 등의 모습을 보입니다 이와 반대로 말대꾸도 하지 않고, '입을 닫아 버리는 상황'이 펼쳐지기도 합니다. 속 터지는 침묵시위가 시작될 겁니다. 그러니 부모의 방식이 맞다 틀리다, 옳다 그르다를 떠나서 똑똑한 방법, 즉 아이와의 관계를 망치지 않으면서 선도가 가능한 방법을 모색해 봅시다.

잠이 많아지는 시기

"10대가 되면 수면을 유도하는 멜라토닌 호르몬이 분비되는 시간이 2시간 늦춰집니다."

대학원 수업에서 교수님의 한마디가 섬광처럼 스쳤습니다. 멜라토닌 호르몬도 달라진다니! 사춘기 호르몬의 변화야 새로울 게 없지만, 잠에도 영향을 미친다는 사실은 또 새롭게 다가왔습니다.

사람이 이해되지 않을 때 가장 힘들다는 누군가의 조언처럼, 사춘기 아이의 잠의 정체를 조금 이해하고 나니, '저도 어쩌지 못하는 신체 현상'이니 얼마나 곤욕일까 싶어 조금은 안쓰러운 마음이 비집고 들어옵니다. 물론 이런 이해심도 아이와 몇 번 부딪치고 나면 바닥이 나곤 하지만, 아이의 상황을 전혀 이해하지 못할 때와는 달라집니다.

"대체, 어제 몇 시에 잤길래 아침부터 헤매니?", "너보고 밥을 차리라는 것도 아니고, 밥 먹으러 나오라는데 그것도 어려워?" 예전이라면 이렇게 다그쳤을 말들이 조금은 바뀌었습니다.

"아이고, 우리 아들, 한창 클 때라 일어나기 쉽지 않지?", "아휴, 일어났어? 잘했어!", "그래, 잠 깨려면 잠깐 휴대폰 보는 것도 방법이다. 어여 일어나 나와!" 마치 어린아이는 낮잠을 푹 자고 일어나야 한다는 것이 상식이듯 사춘기 아이도 아침 일찍 일어나는 게 쉽지 않다는 것을 상식으로 받아들이면 조금은 나아집니다.

과도한 감정 기복

"우와아! 엄마, 아빠!" 완전히 흥분한 아이의 목소리에 무슨 큰일이라도 난 줄 알고 놀랐던 적이 있습니다. "BTS 콘서트 한대. 나 갈 수 있을까? 가도 되나?"

속으로 '아이고, 네 성적을 그리 걱정해라!'라는 말이 목까지 올라오는 걸 삼키느라 혼났습니다. 풀이 죽어 있다가도 갑자기 기분이 훅 좋아지는 아이를 보며 병으로 치면 조울증 같다는 생각도 드는 건 우리 부부뿐일까요? 그런가 하면 난데없이 너무 무서운 말들로 부모를 걱정시키기도 합니다.

이런 게 다 감정을 조절하고 관여하는 대뇌변연계가 사춘기 시기에는 급성장하지만, 행동을 억제하는 전전두엽 피질과는 제대로 연결되지 않은 미성숙으로 인한 현상이라 합니다. 특히 남자아이들의 남성성을 좌우하는 '테스토스테론'이 그 전에 비해 급성장해서 난폭함이 더해진다고 하니 인간의 성장이 신비하면서도, 이 사실을 모르면 엉뚱하게 반응할 수 있겠다는 생각이 듭니다. 지금은 멋지게 성장한 조카 녀석도 사춘기 때 게임을 그만하라는 엄마를 확 밀쳐 버려서 언니가 몸까지 다치는 바람에 몹시 당황스러워했습니다. 그런데 지금은 그때의 난폭함은 어디 가고 이리 다정하고 반듯한 청년이 또 있을까 싶으니, 사춘기를 성장의 과정으로 바라봐 주는 부모의 지혜가 답인 듯합니다.

또 다른 사춘기의 특징으로 '개인적 우화'가 있습니다. 개인적 우화는 스스로의 생각이 매우 특수해서 그 누구도 자신을 이해할 수 없다고 여기는 것을 말합니다. 즉, 매사에 자신을 특별한 주인공으로 세운다는 것이죠. 사춘기 아이들이 때로는 과대한 자신감을 보이

부모의 말은 아이의 인생이 된다

다가도 지나친 과소평가와 좌절을 하는 것이 바로 이 특징 때문입니다. 어느 날은 "난 이과 체질이야!"라고 자신감 넘치더니 또 어떤 날은 "수학 없애 버리고 싶어!" 하며 화를 냅니다. 그런가 하면 "그냥 콱 죽어 버리겠다"고 부모 가슴에 생채기 내는 말을 하기도 합니다. 이처럼 감정의 진폭이 크고 요동치는 모습을 자주 보이는 시기입니다. 그러니 과장된 아이 행동에 휘둘리지 말고 부모가 중심을 가지고 반응할 수 있어야 합니다. 아이에게 피드백을 해 주고 싶다면, 아이의 극단적인 감정의 파동이 가라앉은 다음에 할 것을 권합니다. 아이가 감정 파동이 심할 때 부모가 바로 대화를 이끄는 것은 입씨름을 불러일으키거나 갈등을 가져올 뿐 효과적이지 않습니다. 더욱이 아이의 과장된 표현에 '끝말잇기'는 금물입니다.

아이 대체 왜 나를 낳았어?
엄마 아이고, 나도 너 낳고 미역국 먹은 걸 후회한다!

아이 나한테 해 준 게 뭐야?
아빠 야, 너 말 다 했어? 그럼 못해 준 건 뭐냐?

아이의 미숙한 뇌 상태에서 나오는 말을 정상적으로 해석해서 대꾸하면 대화가 되겠습니까? 그야말로 서로 감정의 골만 깊어지는 지름길입니다.

그렇다면 이때는 아이에게 어떻게 반응해야 할까요? 우리 부부는 적절한 공감을 표하면서도 하고 싶은 이야기를 잔잔히 전달하는 데 초점을 맞춥니다.

아이 (스스로 외모를 비하하며 울면서) 나 이렇게 생겨서 어떻게 살아? 진짜 이 얼굴로 어떻게 살아!"

엄마 (토닥거리며) 왜? 엄마, 아빠가 보기엔 예쁘고 멋지기만 한데.

아이들의 과도한 감정 기복에 너무 감정 이입해서 부모인 우리까지 우울해질 필요는 없습니다. '아이가 크고 있구나!', '자신의 문제를 크게 보고 있구나!' 정도로 생각한 후 오히려 목소리를 낮춰서 공감해 주고, 부모의 마음을 잔잔히 전하면 됩니다.

"네가 죽는다고 말하면, 엄마, 아빠 슬퍼. 그만큼 네가 힘이 드나 보다. 괜찮아지면 다시 이야기하자", "아빠가 해 준 게 없다고 생각해? 좀 섭섭하다. 그래도 안 되는 건 안 되는 거니 진정되면 다시 말하자!" 정도로 아이가 세게 표출하는 언어에 집중하지 말고, 그 밑에 드러내고 싶은 욕구와 속상함을 이해하는 정도로 봐 주면 됩니다. 아이의 말에 섭섭해하거나 흥분하지 말고, 가볍게 전달하는 것이 좋습니다. 억양도 좀 반대로 가는 거죠. 상대가 너무 높으면 내가 톤을 좀 내립니다. 부모와 아이 둘 다 톤이 높으면 아이를 진정시킬 해결책이 없다고 생각하세요.

사춘기,
'관계를 새롭게 회복할 기회'

품속의 아이인 줄 알았는데, 어느 순간 아이가 대답도 잘하지 않고 손을 잡으려고 해도 부담스러운 듯 손을 뺄 때, 이상한 느낌이 신호탄처럼 옵니다. '아, 올 것이 왔다' 하는 순간이죠.

우리 부부에게도 그렇게 아이와 어색해지는 순간이 찾아왔습니다. 첫째인 딸아이가 점점 말수가 줄고, 팔짱을 끼려 하면 살며시 빼고, 친근하게 다가가면 더욱 어색해하는 것 같았습니다. 더는 친한 사이가 아닌 것처럼 겸연쩍은 거리감이 느껴졌습니다.

물론 이 거리감이 사춘기로 인한 변화이기도 하지만, 그간의 거리감이 사춘기 때 고스란히 나타난 것이기도 합니다. 세 아이를 키우다 보니 모두에게 똑같이 마음을 표현한다고 해도, 덜 받은 아이가 있고 더 받은 아이가 있는 듯합니다. 늘 과묵하고 스스로 일을 잘

해내던 아이라 딱히 소소히 챙겨서 이야기를 나누지 못했던 탓인지, 아니면 둘째와 셋째에 대한 내리사랑 때문에 아이의 기대감을 채워주지 못한 탓인지 부모인 우리도 알 길이 없습니다.

아이는 그런 거리감을 사춘기가 되면서 여지없이 표현하곤 했습니다. 그 시기가 온 둘째와 셋째는 그렇지 않은 것을 보니, 분명 딸은 나름의 거리감을 사춘기에 접어들면서 신호로 보내고 있었던 것입니다.

"자녀들과의 관계에서 두 번의 결정적 시기가 있습니다. 첫 번째는 영아기로, 이때는 애정이 중요합니다. 그런데 영아기 못지않게 중요한 회복의 때가 있으니 그때가 사춘기예요. 그 시기에 아이와의 관계를 재정립할 수 있어요."

대학원에서 배운 것이 현실이 되는 순간, 딸아이의 행동 변화를 '아, 우리 부부가 무언가 놓쳤다면 지금이 아이와 관계를 회복하고 재정립할 수 있는 시기다'라는 신호로 받아들였습니다.

역설적 의도를 갖고 칭찬한다

심리학에는 '역설적 의도'라는 것이 있습니다. 우리나라 속담에 '미운 아이 떡 하나 더 준다'라는 말과 같은 뜻으로, 일부러 반대로 표현하는 것이지요. 사춘기로 들어서면 고분고분 말 잘 듣고 방긋방

굿 웃어 주던 아이는 사라지고, 소위 부모를 기쁘게 했던 '예쁜 짓'도 확 줄어듭니다. 그와 비례해 부모의 다정한 피드백과 상냥한 반응도 줄어들죠. 통통거리고 좋은 것에도 냉소적인 반응을 보이는 아이를 보면 그에 걸맞게 짜증의 감정이 나갑니다. 이렇게 사춘기 아이와 부모의 사이가 더 멀어집니다.

이때 호르몬의 변화로 여러 감정의 파동을 겪고 있는 사춘기 아이도 여전히 사랑받아야 할 '빅 베이비'라는 인식이 필요합니다. 이제 좀 컸으니까 '사랑 표현을 꼭 해야만 아는 것은 아니겠지?'라는 생각에 부모도 자연스럽게 소홀해질 수 있지만, 아이는 예전과 변함없이, 아니, 어쩌면 더욱 사랑의 표현이 필요한 시기를 겪고 있을지 모릅니다. 사실 따지고 보면 부모의 사랑과 지지를 받지 않아도 될 나이는 없으니까요.

몸집은 커졌지만 여전히 어느 부분에서는 부모의 관심과 사랑이 필요한 존재임을 기억하면서 아이의 양가적 위치를 잘 인식해야 합니다. 그렇다면 어떻게 표현하면 좋을까요? 예전에는 정말 예쁘니까 예쁘다고 반응했다면, 사춘기 때부터는 예쁜 짓을 하지 않아도 '예쁘다'고 반응해 줘야 합니다.

우리는 딸아이와 어색해진 관계를 풀기 위해 역설적 의도를 잘 활용했습니다. 몇 개월 동안 딸이 듣든 말든 "와! 이거 네가 고른 거야? 예쁘다", "아흐, 우리 첫째 정말 너무 귀엽다"라는 말을 짝사랑 고백하듯 매일매일 했습니다. 처음에는 우리의 그런 말과 행동에

"헐!" 하며 부담스러워하고 슬며시 잡은 손을 빼던 딸이, 시간이 지나니 잘 받아주고, 어느 순간 "왜 오늘은 예쁘다고 안 해?"라는 말로 우리 부부를 놀라게 했습니다. 꼭 아이가 예쁜 짓을 해서가 아니라, 그렇게 존재만으로 예쁘다는 것을 열심히 표현했더니 아이와의 관계가 기적처럼 좋아졌습니다.

어릴 적 어느 순간 내 아이의 기대만큼 다다르지 못한 마음들을 사춘기 때 쏟아붓고 반전처럼 좋아질 수 있다니 정말 감사한 순간이었습니다. 이 일을 계기로 우리는 사춘기 아이들도 여전히 사랑 표현에 목말라하는 조금 큰 아기라는 중요한 사실을 깨달았습니다! (딸아이가 고등학생인 지금도 사랑 표현을 자주 해 줍니다.)

아이의 비난에 발끈하지 않는다

사춘기가 되면 아이들은 부모를 객관적으로 보기 시작합니다. 그저 멋져 보이던 부모의 행동, 말 등이 더 이상 힘을 발휘하지 못하게 되죠.

딸아이가 뜬금없이 엄마에게 영어 단어 뜻을 물었는데 기억이 가물가물하여 주춤했더니 아이는 "뭐야? 엄마 대학원 나온 거 맞아? 영어 개 못한다!" 하는 것입니다. 우리 부부는 몇 초간 어이없는 표정으로 서로를 바라봤습니다. 사춘기의 진수를 본 날이었죠. 그런데 이때 부모가 어떻게 반응하는지에 따라 수습 불가로 가느냐, 수습으로 가느냐가 결정됩니다.

만약 그 소리를 듣고 엄마가 화를 내며 "뭐? 엄마 무시해? 그게 무슨 태도야!"라고 반응했다면 어떻게 됐을까요? 아마도 모양새 빠지게 "싫으면 시집가라!"라는 식의 유치찬란한 말로 억지를 쓰다가 싸움으로 번졌을지도 모르겠습니다. 하지만 문제는, 엄마는 불쑥 화가 날 수 있는 상황이지만, 아이의 의도는 그다지 깊지 않다는 것입니다. 영어 단어를 공부하던 중에 엄마에게 영어 문제를 내 봤고, 엄마가 못 맞히니 객관적으로 엄마 실력이 별로라고 한 것일 뿐, 그 이상도 그 이하도 아닙니다. 그때 저는 "야, 이제 우리 딸 영어 실력이 엄마 추월하겠다. 배우면서 새로운 단어 나오면 좀 알려 줘"라고 넘겼지요. 그랬더니 아이가 "웅!" 하면서 기분 좋게 자기 방으로 들어갔습니다. 이렇듯 사춘기 아이와의 대화에서는 아이의 말을 가볍게 인식하고 들어가면 모든 것이 쉽습니다.

권위를 위해
알려 줄 때는 제대로 알려 준다

협상 시 중요한 공식으로 '소소한 건 져 주고 큰 것은 지키자'가 있습니다. 이 공식을 사춘기 자녀와의 관계에 적용해 보면, 아이의 행동 하나하나에 소소한 잔소리는 멈추고, 아이의 감정적 행동에 발끈하기보다 수용적 태도를 가지면 덩달아 따라오는 것이 '부모의 권위'라는 것입니다. 이렇게 하다 보면 잔소리가 줄어드니, 무게감 있게 던지는 부모의 한마디는 그만큼 큰 영향력을 갖게 되지요. 아이에게 꼭 이것만은 말하고 싶은 부분이 있다면, 다음 3가지를 염두에 두고 시도해 보세요. 아이가 예의 없게 굴었을 때의 상황으로 평소와 다른 차분한 음성으로 눈을 맞춰 이야기하면 메시지는 무게감 있게 전달됩니다.

첫째, 아이가 한 행동이 주변에 미치는 영향을 설명한다.
"그건 아빠, 엄마뿐 아니라 다른 어른에게도 예의가 아니야. 이건 명확히 해 줘야 네가 같은 실수를 하지 않을 것 같아."

둘째, 앞으로 아이에게 기대하는 행동의 대안을 이야기해 준다.
"그럴 땐 화를 내기보다는 '제 얘기도 좀 들어주시겠어요?'라고 질문하면 어떨까?"

셋째, 아이의 마음을 이해해 주고 긍정적으로 마무리한다.
"그래, 아마 네가 학교에서도 긴장 상태라서 조금 예민했던 것 같아. 모르진 않아. 평소에 넌 그렇지 않으니까! 이렇게 이야기하며 풀 수 있어서 좋다."

부모의 말은 아이의 인생이 된다

육아 프로그램을 보면 아이와 관계를 회복하기 위해, 혹은 아이와 대화하기 위해 연습하며 노력하는 부모들이 나옵니다. 그런 모습을 보면서, 어쩌면 우리도 (습관대로 말하는 게 아니라) 아이에게 어떤 말을 해야 할지, 어떻게 이야기하는 것이 좋을지 연습해야 할지도 모른다는 생각이 자주 듭니다. 아이들은 학교에서뿐 아니라, 집 안에서도 여전히 '보고', '듣고', '배우는' 중이기 때문이지요. 부모가 말을 신경 써서 한다면, 그 언어 태도가 아이에게도 좋은 학습이 될 거라고 생각합니다.

사춘기 아이를 속상하게 하는 부모의 유형

예전에 직장에 다닐 때 '말로 다 까먹는' 후배가 있었습니다. 일은 잘하는데, "저 없으면 팀 안 돌아가죠? 제가 하면 확실히 다르죠?"라는 말을 입에 달고 다니며, 자신만 너무 내세우고 본질에서 어긋난 이야기를 해서 주변에서 밉상 취급을 받았습니다. 한창 열심히 얘기 중인 동료의 말을 가로채서는 "나도 그런 적 있었어!"라고 모든 이야기를 자기 중심으로 바꿔 버린다든가, 위로받고 싶어서 던지는 동료의 하소연에 "그건 네가 잘못했네!"라는 돌직구로 상황을 자주 싸하게 만들었습니다. 그런데 정작 본인은 뭐가 문제인지 모르겠다는 표정을 짓고 있었죠.

아이를 키우면서 부모인 우리도 이렇게 밉상으로 이야기하고 있는 건 아닐까 생각했던 적이 있습니다. 여행 중 딸아이와 나눈 대화

부모의 말은 아이의 인생이 된다

덕분에 밉상으로 말하는 엄마, 아빠 때문에 아이들이 상처받는다는 것을 깨달았습니다.

스스로 생색내고
내세우는 부모

"내 친구는 공부를 잘해. 학원도 다니는데, 친구가 학원 레벨 테스트만 보면 부모님이 엄청 화를 내신대."

"레벨 테스트만 보면?"

"응, 학원도 다니면서 그 정도밖에 못하냐고 하신대! 한번은 또 친구가 시험을 본 후 노력 대비 잘 나온 것 같아서 엄청 공부하지도 않았는데 이렇게 점수가 잘 나왔다고 엄마한테 말했나 봐. 그랬더니 열심히 하면 더 잘할 수 있다는 거냐고 말씀하셨대. 친구는 그냥 칭찬받고 싶었던 건데."

큰아이가 해 준 자기 친구 이야기입니다. 아이들 딴에는 칭찬받고 싶은 순간인데 부모가 비아냥거리거나 학원을 보내준다고 생색내면 너무 듣기 싫다는 겁니다. 혹시 "너 학원비가 얼마인지 알아? 비싼 학원 다니면 결과를 내야지!"라는 말을 하시나요? 아이들은 부모가 스스로 생색내고 내세우는 것(부모 스스로 해 주고 있는 것들을 나열하는 말)을 듣기 싫어한다고 합니다. 그러면서 딸아이는 "왜 아이가 그런 말을 하는지 부모들은 잘 몰라!"라고 한마디합니다. 칭찬받고 싶은 순간, 위로받고 싶은 순간 등 다 상황이 있는데, 부모들은 그 상황은 간과한 채 오로지 '공부 결과'로 직결한다는 것입니다.

이야기를 주고받으면서, 아이 말에 공감도 해 주고 부모 입장도 설명해 줬습니다. 그런데 아이는 거기서 끝내지 않고 또 다른 친구의 이야기를 꺼냅니다.

아이 말은 들어 보지도 않고
자기 말만 하는 부모

"친구가 스터디 카페에 갔다 나오다가 같은 반 남자애들이 있길래 잠깐 서서 이야기를 했어."

"그런데?"

"그런데 그걸 그 친구 아빠가 본 거야. 당장 집으로 오라고 하시면서, 공부하라고 했더니 밖에서 남자아이들과 노닥거리고 뭐 하는 거냐고 아주 야단을 치셨다는 거야. 친구 이야기는 듣지도 않고! 그래서 친구가 여자애들도 같이 있었는데 좀 전에 갔고 자신도 가려고 했는데 아빠가 본 거라고 했나 봐. 그렇게 설명하는데도, 아빠가 네 맘대로 하고 살라고 하고, 옷은 또 그게 뭐냐고 막 뭐라 하시더래!"

"아이고, 친구가 속상했겠구나! 사실 그 아빠는 딸을 걱정하신 만큼 화가 나시기도 했을 거야!"

"아니, 걱정되면 걱정된다고 하면 되지 왜 소리만 질러?"

"(끙!) 부모들은 걱정되면 소리가 커져……."

딸은 친구들과 이야기 나누다 보면 부모님들이 대개 3가지 유형으로 구분된다는 말도 해 줍니다.

첫째, 아이의 말을 전혀 듣지 않는 부모

둘째, 잠깐 듣는 척은 하지만, 도움도 주지 않으면서(이런 표현을 하다니! 이 부분에서 깜짝 놀랐습니다.) 결국 자기 할 말만 하는 부모

셋째, 이야기도 잘 들어 주고 진짜 현실적인 도움을 주는 부모

사춘기 딸아이가 친구들과 어떤 이야기를 주고받는지, 마냥 어리다고만 여겼던 아이들이 부모들을 어떻게 바라보고 있는지 진지하게 돌아보는 계기가 된 대화였습니다.

아이의 이야기를 다시 정리하면 다음과 같습니다.

- 🍃 좋은 부모 유형: 이야기도 잘 들어 주고 진짜 현실적인 도움을 주는 부모
- 🍃 나쁜 부모 유형: 이야기를 전혀 들어 주지 않고, 할 말만 쏟아내는 부모
- 🍃 이상한 부모 유형: 잠깐 듣는 척하지만, 도움도 주지 않으면서 훈계만 하는 부모

좋은 부모 되기 1,
사각지대를 고려한다

"나는 그런 의도로 말한 게 아니야. 그건 진짜 오해야!"

살다 보면, 누군가와의 사이에 의도하지 않게 오해가 쌓여서 이런 말을 할 때가 있습니다. 즉, 내 의도와 달리 상대가 전혀 다르게 받아들일 때 우리는 답답해하며 당황합니다.

이것은 바로 '말의 사각지대' 때문에 발생합니다. 말의 사각지대는 말하는 사람이 '의도', 즉 자신의 마음을 중심으로 생각하며 말하기 때문에 생겨납니다. '아이를 사랑하니까 이렇게 하는 것이다', '나는 아이를 위해서 한 말이야' 하면서 말이죠. 그런데 문제는 상대방은 의도보단 '표현' 자체로 듣는다는 것입니다. 말하는 사람은 '의도'로, 듣는 사람은 '표현'으로 해석하다 보니 말의 사각지대가 만들어지죠. 사실 부모인 우리가 아이들에게 무슨 억하심정이 있겠습니까? 오로지 아이가 잘되었으면 하는 그 마음 하나뿐이죠.

"야, 내가 너 잘되라고 이야기하지, 누구 잘되라고 이런 말을 하겠니? 응?"

부모인 우리의 의도가 절박하고 선하다 생각하니 우리는 더 당당하게 아이를 혼내며 다그치기도 합니다. 다만, 이런 깊은 의도를 보지 못하는 아이는 표현으로만 해석하니 '엄마, 아빠가 나한테만 화내고 나한테만 자주 짜증 내니, 나만 없어지면 되겠구나' 같은 엉뚱한 해석을 하기도 하죠. 아이의 이러한 '엉뚱한 해석'을 막기 위해서 부모인 우리가 의도를 잘 '표현'하는 것에 중점을 둬야 합니다.

좋은 부모 되기 2, 제대로 말할 수 있게 먼저 잘 듣는다

딸아이가 말해 준 실제 대화를 다시 한번 생각해 볼까요? 친구의 엄마, 아빠가 다음과 같이 말했다면 아마 부모님의 메시지와 좋은 의도가 명확하게 전달되었을 거라고 생각합니다. 그러면 받아들이는 아이도 훨씬 긍정적인 반응을 했을 거고요. 그 부모님의 말씀을 재구성해 보겠습니다.

─────────────── 사례 1 ───────────────

실제	너는 학원도 다니면서 이렇게밖에 못하니?
재구성	학원을 다니는 게 공부에 도움이 되는 건지 좀 걱정된다. [선한 의도] 혹시 학원이 잘 맞지 않니? 선생님은 잘 가르쳐 주셔? [경청을 통해 무엇이 문제인지 체크할 기회 갖기]

실제	공부하라고 했더니, 밖에서 남자애들하고 노닥거려? 그리고 옷은 그게 뭐야?
재구성	○○야, 아빠는 네가 남자아이들에게 둘러싸여 있어서 깜짝 놀랐잖아. [선한 의도- 걱정되는 마음] 요즘 남자아이들이 좀 거친 경우도 있다고 해서, 아빠는 그게 걱정된다. 무슨 일이었어? [상황을 섣부르게 판단하지 않고 상대의 설명을 경청할 기회 얻기]

한번은 아들이 다니는 학원에서 수시평가 결과가 문자로 전송되었던 적이 있습니다. 100점이 몇 명, 평균은 몇 점, 아이의 점수. 이렇게 정리되어 전송되는데, 아이 점수는 평균 이하였습니다. 그 순간 마음이 얼마나 복잡하던지요. '너 학원 대체 왜 다니는 거야?'라는 말이 쑥 올라오는 순간입니다. 그때 마음을 진정하고 '의도를 잘 표현하자!'고 다짐한 후 이렇게 물어봤습니다.

"학원에서 보내온 점수가 평균 이하로 나왔네? 학원 다니면 좋아질 거라 기대했는데, 좀 걱정되더라.[선한 의도] 학원이 도움이 안 되니?"[경청을 통해 도움을 줄 기회 갖기]

실제 이렇게 물어보니 아이는 자기 입장을 설명합니다. 무엇을 틀렸고 그것을 왜 틀렸는지, 자신이 평균보다 떨어진 이유 등을요. 그 이야기를 죽 들으면서 욱하지 않고 상황을 물어보길 잘했다고 제 자신을 스스로 칭찬해 주고 싶었습니다. 아이가 학원에 적응하는 과정이라고 스스로도 생각하고 있는데, 너무 몰아붙일 뻔했다는 생각이 들면서 안도가 되었습니다.

앞에서 딸아이가 얘기한 좋은 부모 유형(아이의 말을 잘 듣고, 현실적인 조언도 해 주는 부모)이 되려면 이렇게 먼저 들어야만 방향을 바꾸든(다른 학원을 알아보거나 과외를 받게 하거나), 위로를 하든(실수로 인해 점수가 하락한 경우) 할 수 있게 됩니다.

'경청은 수비다'라는 글을 본 적이 있는데, 절로 감탄이 나왔습니다. 즉, 제대로 공격하기 위해선 좋은 수비가 필요하듯 좋은 대화를 위해서는 지금 앞에 선 아이의 말을 들어야 대화 목적을 이룰 수 있습니다. 그런데 끝까지 듣지도 않고 여러 말들을 쏟아내다 보면 처음 말의 목적은 간데없고, 여기저기 잘못된 공격으로 만신창이가 될 수가 있다는 거죠.

사실 말할 때 얼마나 많은 에너지가 필요합니까? 때로 부모인 내가 너무 지치면 아이를 설득할 힘도, 화낼 힘도 없잖아요. 그러니 그 에너지를 제대로 쓰기 위해서는 '내 아이니까 내가 다 안다'라는 착각을 내려놓고, 아이가 사는 세상의 이야기, 아이가 행동하는 방식에 관해 먼저 듣고 대화하는 습관이 꼭 필요합니다.

PART II

부모의 말이 달라지면
아이의 학업이 향상됩니다

5장

자녀의 성향을 고려한
부모의 대화법

하나밖에 없는 귀한 아이를
부모는 어느새 '보편적인 아이'로 만들어 버리려 합니다.

99

기질은 타고나지만
성격은 만들어진다

"아빠는 T 유형이라 절대 나를 이해 못 해!"

대화 도중 큰아이가 던진 한마디에 순간 '얼음'이 되었습니다. "엄마는 F 유형이어서 사람이 감정적이야" 등 요즘 아이들은 상대의 MBTI 유형을 아주 빠르게 파악합니다. MBTI 유형을 통해 자기 이해를 하고 타인 이해까지 가는지는 모르겠지만, 사람의 다양성을 어릴 적부터 인식하고 실제로 적용하는 게 우리 시대와는 다르다는 생각을 해 봅니다.

세 아이가 한배에서 나왔건만 너무 다른 기질을 보여 깜짝깜짝 놀랄 때가 한두 번이 아닙니다. 그래서 아이의 기질, 성향을 고려해 대화하는 것은 어쩌면 선택이 아니라 필수이지 않을까 생각하게 되었습니다. 사람의 성향이나 성격을 파악하는 방법들은 MBTI 검사

부모의 말은 아이의 인생이 된다

외에도 참 많습니다. 우리 부부는 그중에서 직관적으로 분류할 수 있는 '행동 유형 분석법'을 선호합니다.

행동 유형은 말 그대로 '행동을 통해' 사람의 유형을 알아보는 것입니다. 여행을 간다고 했을 때 바로 "떠나자!"를 외치는 즉흥적인 사람이 있는가 하면, 먼저 꼼꼼히 정보를 파악하고 떠나려는 사람이 있습니다. 또 본인은 아무것도 하지 않으면서 다른 사람에게 빨리 숙박 시설 등을 알아보라고 지침을 내리는 사람도 있고, "나는 어디든 좋으니 알아서 하라"라고 한발 빼는 사람도 있습니다. 이렇듯 주어진 상황에 어떠한 행동으로 반응하는지에 따라 그 사람의 유형을 예측해 볼 수 있겠지요.

그렇다면 이렇게 다른 행동을 보이는 것은 성격을 기반으로 한 것일까요, 기질을 기반으로 한 것일까요? 우리 주변에는 성격과 기질을 같은 맥락으로 사용하는 분들이 많습니다. 그런데 성격과 기질은 근본적으로 차이가 있습니다.

일반적으로 심리학에서 말하는 '기질'은 애초에 타고난 특성을 말합니다. 이를테면 '예민하다', '굼뜨다', '더디다', '민첩하다' 하는 것들은 타고난 기질입니다. 성격은 조금 다릅니다. 타고난 기질이 어떤 환경을 만나는가 혹은 어떤 양육 태도의 자극을 받았는가에 따라 성격으로 형성됩니다. 따라서 성격은 타고난 기질과 살아온 환경, 부모의 양육 태도, 사회적 반응이 모여서 형성된다고 정리할 수 있습니다. 그래서 아직 어린아이에게 "성격이 왜 저렇지?", "성격이

모가 났네" 등의 판단은 너무 이릅니다. 아이의 성격 형성은 지금도 진행 중이니까요.

우리 아이 기질 살펴보기

그렇다면 성격 형성에 바탕이 되는 기질은 어떻게 분류될까요? 기질에 따라 달라지는 아이의 특징은 다음과 같습니다. 먼저, '외향'인지 '내향'인지 구분하는 것이 큰 축입니다. 아이를 떠올려 보면, 외향인지 내향인지는 비교적 빨리 파악할 수 있습니다. 물론 상황이나 장소에 따라 내향, 외향의 모습을 모두 보이는 중간 지대의 아이들도 있지만, 다른 요소에 비해서는 구분이 쉽습니다.

반면에 또 하나의 축이 있습니다. 이것은 '어떤 가치(결과 중심 vs 사람 중심)'를 가지고 행동하느냐를 보는 것인데요. 이를테면 외향적인 사람 중에는 이성적 판단으로 결과 중심의 행동을 하는 '자신형'이 있습니다. 동시에 외향이지만 사람 중심에, 감정 표현이 풍부한 '친교형'도 있습니다. 반면에 내향이면서 결과 중심적 사고와 이성적 사고를 기반으로 행동하는 '사고형'이 있고요. 내향이면서 사람 중심적이고 감정 중심적인 '우호형' 사람들이 있습니다. 이런 관점에서 다음의 4가지 유형으로 아이들을 구분해 볼 수 있습니다.

부모의 말은 아이의 인생이 된다

- 외향적이고 행동이 민첩한 '자신형' 아이
- 외향적이고 사교적이며 활발한 '친교형' 아이
- 내향이면서 차분하고 정확성을 추구하는 '사고형' 아이
- 내향이고 안정된 환경을 선호하며 조용히 있는 듯, 없는 듯 자리를 지키는 '우호형' 아이

아이의 유형을 이렇듯 4가지 유형으로 단순화하는 것이 맞는지 의아해하실 수 있습니다. 또 아이의 기질을 섣불리 정해 놓고 대하는 것에 낙인 효과 같은 부작용은 없는지 질문하실 수도 있습니다. 하지만 우리 아이만의 특성을 이해하고 그에 맞는 적절한 피드백으로 원활하게 소통하고 싶다면, 일반적인 기질에 대한 이해와 이에 맞는 접근법을 알아두는 것이 먼저입니다.

'사랑하면 알게 되고, 알게 되면 보이니, 그때 보이는 것은 전과 같지 않더라'라는 말이 있습니다. 사랑하는 우리 아이들의 유형을 고민해 보고, 아이를 새롭게 볼 수 있으면 좋겠습니다.

산만한 아이?
친교성이 좋은 아이!

제 친구 가운데 한 명이 아이가 너무 산만하다고 힘들어합니다. 그런데 제가 지켜보니 그 친구는 아들에게 늘 '약점 피드백'을 하고 있었습니다. 약점 피드백이란 아이의 단점을 보완해 줘야 한다는 강박 때문에 약점을 자꾸 지적하는 것을 말합니다. 주변에서 아이를 버거워하니 부모인 우리가 나서서 피드백을 명확히 한다는 것이 오히려 약점만 강조하는 상황이 되기도 합니다.

"너 조용히 하라고 했지? 좀 가만히 앉아 있을 수 없니?"

"아이고, 또 시작이네."

"다른 사람 안 보여? 가만히 좀 있어!"

"왜 이렇게 집중을 못 하니?"

이런 친구의 피드백 때문인지 귀엽고 장난기 많은 그 아이는 어른

부모의 말은 아이의 인생이 된다

들의 눈치를 자주 살피는 듯했습니다. 사실, 행동 유형에 따라 보면 이 아이는 왁자지껄하게 말하면서 노는 것을 좋아하는 유형입니다. 즉, 활기찬 기질에 에너지가 넘치고, 사람을 좋아하며 감정에 따라 행동하는 걸 좋아하는 유형이죠. 그런데 부모님은 아이가 그저 산만하고 정신없어 보이니, 취학 연령이 되면 심각한 고민에 빠집니다.

'학교 가서도 저러면 큰일인데……'

우리 집 막내아들이 딱 이 유형에 속합니다. 이런 아이들은 호기심이 많고 유쾌하고 에너지가 넘치다 보니 자칫 산만해 보이기도 합니다. 그러나 반대로 보면 에너지가 넘쳐 분위기를 올리는 분위기 메이커 역할을 합니다.

이렇듯 기질은 강점과 약점이 동전의 양면처럼 붙어 있어 관점을 달리 보면 새롭게 다가옵니다. 활기찬 모습이 산만해 보일 수 있고, 호기심이 많아 이곳저곳을 건드려 보는 모습이 집중력이 약해서 그런 것처럼 보일 수도 있죠. 그런 점 때문에 어느 관점으로 아이를 바라볼 것인지가 부모의 중요한 선택이라고 할 수 있습니다. 여러분은 내 아이의 강점과 약점 중에서 주로 어떤 면을 보시는 편인가요?

'친교형' 아이들의 특징

자, 이제부터 산만한 아이들을 '친교형' 아이들이라고 부르겠습니다. 이런 친교형 아이들은 어떤 특징이 있을까요? 먼저 어렸을 때의 우리 아이는 어떤 유형이었는지 한번 떠올려 보세요.

바닷가에 갔을 때 신발에 모래가 들어왔던 안 좋은 기억 때문에 바다에는 다시 안 가려는 아이가 있는 반면에, 발에 모래가 묻든 말든 바다를 보면 무조건 소리치며 달려가는 아이도 있기 마련입니다. 그 중간인 아이들도 있겠지요. 친교형 아이는 신발 속으로 모래가 들어오든 말든, 바다를 보자마자 신발을 내던지고 달려갈 가능성이 높습니다. 한참 놀고 있는 아이를 불러 보면 얼굴에 무언가를 잔뜩 묻히고 아무렇지도 않게 흙을 집어먹고 있기도 하고요.

이런 모습은 나이가 들어가면서 주어진 상황에 유연하게 반응하며 농담을 잘하고 장난을 잘 치는 모습으로 변해 가기도 합니다. 친구를 좋아한다면서 제대로 호감을 표시하지 못하고 오히려 과한 장난을 치는 아이도 바로 친교형 아이일 거예요. 그리고 친교형 아이들은 부풀려 이야기하는 특징이 있어서 부모님이 아이와 기질이 다를 경우 '얘가 거짓말을 하나? 허영심이 있나?' 하는 생각에 걱정하게 만들기도 합니다.

친교형 아이의 거짓말은 악의적 목적이 있다기보다 당장의 재미를 위해, 극적인 상황 연출이나 설명을 위해 자기도 모르게 튀어나온다고 볼 수 있습니다. 그래서 대부분 잘 들어 주되, 가끔 "○○는 이야기를 참 재미있게 해. 그런데 사실이 아닌 이야기가 있으면, 나중에 사람들이 실망할 수 있으니 그 점은 기억해 줘!" 정도로 피드백을 해 주면 됩니다. 진짜 거짓말이 탄로 났을 때는 그 의도를 알아주면서 대화하면 바뀝니다.

"너무 신나고 재밌게 말하고 싶어서 이야기가 좀 엉뚱하게 나왔구나? 그럴 수 있지. 다음부터는 사실을 이야기해 줄래? 엄마는 그게 더 궁금하거든. 네 이야기는 사실로 들어도 재밌어!"

학업 면에서 친교형 아이들은 집중하는 시간이 짧다 보니 진득하게 앉아 있지 못해 부모와 종종 마찰을 빚기도 합니다. 잠깐 열심히 듣는 듯해서 들은 내용에 관해 물어보면 엉뚱한 답을 하거나, 대답을 제대로 못해서 부모 속을 터지게 하기도 합니다. 이쯤 되면 부모들은 폭발해서 "지금 엄마 말을 무시하니?", "마음이 어디에 가 있냐?"라며 윽박지르기도 합니다. 하지만 여기서 기억할 점은 아이는 지금 자기 기질대로 행동하고 있을 뿐이라는 것입니다.

친교형 아이를 위한 솔루션
'칭찬과 재미'

그렇다면 이런 친교형 아이를 대할 때는 어떤 마음가짐이 필요할까요? 바로 다른 어떤 유형보다 더욱더 '긍정 동기 중심적인 리드'가 필요합니다. 동기는 말 그대로 사람을 움직이게 하는 여러 자극을 말합니다. 우리 부부 중 특히 (사고형 기질인) 남편은 친교형 막내와 기질이 많이 달라 공부를 시킬 때마다 무척 힘들어했습니다.

남편이 막내를 공부시킬 때면 "똑바로 앉아! 왜 집중을 못 해! 공부하는 자세가 그게 뭐야!"라는 말이 나와 집안 분위기가 늘 불안했습니다. 답답한 건 그렇게 무서운 아빠 앞에서 바뀔 법도 한데 영 바뀌지 않는 막내였습니다. 그런데 달리 생각해 보면 말이죠. 어쩌면 아이들은 안 하는 게 아니라 못하는 것이 아닐까요? 바꾸고 싶지만, 정말 원하지만, 그렇게 할 줄 모르는 것이 아닐까요?

다행히, 아이들 유형을 공부하고 이해하게 된 후 우리 부부는 방식을 완전히 바꿨습니다. 집중 시간이 짧은 아이의 특징을 간파하고 간식을 바로바로 준다거나, 퀴즈를 내서 답을 맞히면 액션을 크게 해서 과장되게 축하 세리머니를 해 줬습니다.

"정말 잘했어! 집중하고 하니까 멋지게 해내는구나!"

"관심을 가지고 열심히 하는 모습에 깜짝 놀랐어! 이제 큰 형아가 된 것 같아."

친교형 아이들은 이런 과장된 세리머니를 좋아해서, 긍정적인 부분을 크게 인정하며 대화하는 것이 중요합니다. 공부 시간을 정할 때도, 형과 누나가 한 시간을 공부하도록 계획한다면, 막내는 30분, 40분으로 하는 등 다르게 했습니다. 결과는 어땠을까요? 아이는 이러한 방식에 빠르게 적응했습니다.

물론 부모님 입장에서는 계속 이렇게 신경 써 가며 공부시켜야 하는지 회의가 들 수 있지만, 초등 시기에 이런 방법으로 조금씩 공부 습관을 만들어 가다가 학년이 높아갈수록 시간을 늘리고 분량을 늘려 가는 것이 친교형 아이들의 집중력을 향상시키는 데 도움이 됩니다.

현재 초등 고학년이 된 막내는 꽤 오랜 시간 엉덩이를 붙이고 앉아서 계획을 세우고 공부를 하는 '자기 주도형' 아이로 바뀌었습니다. 물론 겪어 보니 친교형 아이들은 다른 유형에 비해 공부 저항감이 강하고, 한자리에 앉아 있지 못해 좀이 쑤셔 하는 모습은 여전히 남아 있기도 합니다. 우리 부부도 '저렇게 산만해서 공부는 제대로 할 수 있을까? 아니 쫓아가기라도 할까?'라고 자주 걱정했습니다. 그런데 우리가 아이 대하는 방식을 먼저 바꾸고 지속적으로 동기를 자극해 주며 지지와 응원을 반복하니, 아이는 많이 달라졌습니다.

아이의 기질이 변한 것이 아니냐고요? 아닙니다. 아이는 여전히 자기의 기질대로 왁자지껄하고 활기차며, 새로운 하나를 알면 백 개를 아는 것처럼 잘난 척을 하고 우리에게 공감을 기대합니다. 그러면 우리는 격하게 칭찬해 주고, 궁금한 것을 재질문하며 반응해 줍니다.

정리하자면, 친교형 아이들은 기질을 인정하면서 아이의 시선을 끌 수 있는 동기 부여와 칭찬, 응원을 더 격하게 해 주면 자기 기질의 장점을 그대로 살리면서도 과제를 몰입해서 수행하는 능력도 높아집니다.

고집이 센 아이?
자신감이 넘치는 아이!

"너는 잘못을 했으면서 왜 사과를 안 해?"

"어디서 고집을 부려?"

혹시 아이를 키우면서 이런 말을 자주 한다면, 그 아이는 '자신형' 아이일 가능성이 높습니다. 대체로 외향이면서 행동을 결정하는 기준이 정확하고 민첩하며 결과 중심적인 아이들은 '자신만만' 유형이라 볼 수 있습니다. 이런 아이들에게서는 고집이 세고, 뭐든 자신이 통제하려고 하는 경향을 쉽게 볼 수 있습니다. 어릴 때를 떠올려 보면 "내가 할 거야!", "내 거야!"라고 유독 강하게 주장하는 친구들이 있지요. 바로 이런 친구들 유형이라고 보면 됩니다.

뭘 하더라도 리더가 되고 싶어 하고 주도권을 가지려는 아이를 두셨다면 자신형 아이일 가능성이 높죠. 이 유형의 아이들은 일단

부모의 말은 아이의 인생이 된다

행동 자체가 과격하게 느껴지기도 합니다. 생각하고 나서 행동하기보다는 행동이 먼저 나가는 경우가 많기 때문인데요. 이런 유형의 아이들을 둔 부모님들은 자기주장이 강하고 공격적인 모습이 과한 아이를 보며 버겁다는 표현을 많이 합니다. 하지만 이런 아이들의 유아기를 떠올려 보면 다른 아이들에 비해 일찍 기어 다녔고 걸었을 확률이 높습니다. 모든 면에서 대체로 빨리 배우는 아이들 또한 이 유형에 속합니다. 그렇다면 이런 자신형 아이들은 어떻게 대하는 것이 좋을까요?

'자신형' 아이의 특징

이 유형의 아이들은 행동이 빨라 부모의 말을 끝까지 듣는 경우가 적습니다. 이를테면 부모가 "너, 지금 엄마, 아빠 이야기하는데 뭐 하는 거야?"라거나 "듣는 태도가 그게 뭐야?"라고 지적하게 될 가능성이 높죠. 통제받고 지적받고 누군가의 말에 따르는 걸 원치 않다 보니 자칫 반항적인 아이들로 보이기도 하니까요. 이런 기질의 아이들을 무조건 혼내려 하거나 매로 고집을 꺾으려고 한다면 더 세게 매를 들어야 하는 상황이 반복될 수 있습니다. (계속 매를 들면 몇 번 안 가서 더 이상 써먹을 방법이 없다는 것을 깨닫게 됩니다.)

아이들이 어릴 때는 부모의 그런 강압적 훈육을 받아들일 수도 있지만, 사춘기가 되면 되레 반항하며 거칠게 대항할 가능성이 높습니다. 그래서 고집이 강한 아이보다 더 강하게 나가는 것보다는, 이 유형의 기질을 이해하고 접근해야 합니다.

자신형 아이를 위한 솔루션 '경청과 주도권 주기'

우리 집 큰아이가 바로 이 유형에 속합니다. 고집이 있고, 자신의 잘못을 잘 시인하지 않으려는 특징이 있죠. 우리 부부도 처음에는 목소리에 힘을 줘서 혼내는 경우가 많았는데, 이제는 아이의 유형을 이해하고 상황을 자연스럽게 이끄는 방법을 선택합니다.

자신형 아이에게 맞는 대응으로는 어떤 게 있을까요? 먼저 아이의 이야기를 들어 줍니다. 아이에게 말할 수 있는 우선권을 주세요. 그래야 부모의 말과 말하는 시간을 존중하고 경청할 가능성이 높습니다. 아이의 생각을 안 듣고 부모가 일방적으로 이야기할 경우, 자존심 상해하거나 부모의 이야기를 끝까지 듣기 힘들어합니다. 부모의 말이 길어질수록 자신이 꼭 해야 할 말을 막는다고 생각하기 때문이죠. 그로 인해 반발심이 강해질 수 있습니다. 이런 경우에는 아이가 먼저 이야기하게 하고 어떠한 지침을 내리기 전에 아이가 먼저 규칙의 범위를 정하도록 '의뢰형 질문'을 하는 것도 좋습니다.

부모의 말은 아이의 인생이 된다

저희 아이가 휴대폰 사용 시간을 자주 어겨서 부딪친 경우가 있었습니다. 이때 "너한테 시간을 30분 줬는데 너는 시간이 적다고 생각하는 것 같아. 어느 정도의 시간이 적당하다고 생각하니? 네가 한번 정해 볼래?"라고 질문을 던졌습니다. 질문을 받은 아이는 친구들의 사례를 들며 자신이 생각하는 휴대폰 사용 시간의 범위를 말했고, 우리는 그에 따라 다시 휴대폰 사용 규칙을 세웠습니다. 이런 경험을 통해 자신형 아이는 '자기가 세운 규칙 안에서' 그 규칙을 받아들이고 지킬 가능성이 높다는 것을 확인할 수 있었습니다.

고집을 부릴 경우에는 인정할 수 있는 부분은 인정해 주면서도 무엇이 잘못되었는지를 핵심 위주로 명확하게 이야기하는 것도 필요합니다. "네가 전에도 같은 방법으로 하겠다고 했는데 지키지 않아서 이번에는 이러이러한 방법으로 해야 할 것 같아"라고 하며 아이가 고집을 부렸던 경험이 어떤 결과를 가져왔는지 짚어 주는 것이 핵심입니다.

또 자기 방식대로 되지 않으면 화를 낼 가능성도 있으므로 감정을 어떻게 통제해야 하는지 부드럽고 완곡하게 이야기해 주어야 합니다.

"기분이 좋아 보이지 않는데, 그런 경우 혼자서 기분이 나아질 때까지 방에 있다가 나와도 괜찮아. 그런데 네가 화났다고 상대방이나 어른들을 무시하는 듯한, 오해를 일으킬 수 있는 행동을 하는 건 우리로서도 납득하기 어려워. 기분이 좋지 않아서 시간이 필요한 거니? [혼자만의 시간을 가져야 할지 묻는 질문] 그렇다면 혼자 방에서 생각해 보고 기분이 좀 풀린 다음에 다시 이야기하자" 정도면 좋겠지요. 물론 사안에 따라 이런 접근이 매우 힘들 수도 있습니다. 하지만 초등 때까지 스스로 감정을 통제하는 방법을 알려 주면 중학교 이후에는 대화가 훨씬 수월해집니다. 뜻대로 통제되지 않는 감정과 부정적인 에너지를 발산해야 하는 상황인데도 무조건 참으라고만 한다면, 오히려 다음에 폭발할 수 있다는 것을 염두에 두어야 합니다.

공부도 마찬가지입니다. 자기가 먼저 계획을 세우도록 이끌어 주고, 긴 잔소리보다는 핵심 위주로 했는지 안 했는지 등 간단히 체크만 하는 것이 좋습니다. 나중에 본인이 세운 계획대로 되지 않았을 때 추가적인 피드백을 주는 것이 훨씬 효과적입니다.

이런 유형의 아이들은 눈에 보이는 결과를 좋아합니다. 결과가 좋아지면 훨씬 더 높은 성취 욕구를 느끼죠. 이런 아이들을 위해 스스로 도전해서 점수를 체크할 수 있는 '가족 내 시험' 같은 것을 마련하면 좋습니다. 물론 이 시험은 얼마나 못하는지를 확인하기 위한 용도가 아니라, 얼마나 향상되었는지를 볼 수 있는 방향으로 진행되어야 합니다.

우리가 기억할 것은 아이가 갖고 태어난 기질을 있는 그대로 인정하며 아이를 바라봐야 한다는 것입니다. 이 부분은 아무리 강조해도 지나치지 않습니다. 종종 강의 현장에서 아이의 기질을 바꾸려는 부모님들을 만나곤 합니다. 오죽하면 그러실까 싶어 이해도 하지만, 발표에 서툰 아이를 혼내서 억지로 발표를 하도록 하고, 고집이 강한 아이를 무조건 굴복시켜 부모 말에 순종하는 아이로 만들고 싶다는 말을 들으면 가슴이 답답해집니다. 앞서 말씀드렸지만, 이런 경우 초등학생 시기까지는 괜찮을지 몰라도 이후에는 반드시 갈등이 일어나게 됩니다. 아이가 갖고 태어난 기질을 인정하고 그 기질의 한 면인 강점에 초점을 두고 그에 맞게 대응하는 현명한 선택이 아이의 삶을 달라지게 합니다.

내성적인 소심한 아이?
우호적인 착한 아이!

"애는 부모 속을 썩이는 일이 없어요!"

아이를 키우면서 "솔직히 내 아이는 착해서……"라고 하는 분들이 있습니다. 이런 아이들은 대개 부모가 시키는 대로 거절하지 않고 순종하는 편입니다. 아이의 마음은 어떨지 모르겠지만 부모의 입장에선 설득하거나 강압적으로 말할 필요가 없으니, 어려서부터 손이 덜 가는, 키우기 편하고 착한 아이죠.

행동 유형으로 보면 이런 아이들을 '우호형'이라고 할 수 있습니다. 이 유형의 아이들은 기질적으로 내향이고 관계 지향적이어서 거절을 잘 못합니다. 그러다 보니 부모가 시키는 것을 순순히 따를 가능성이 높습니다. 또한 관계 지향적이기 때문에 갈등을 좋아하지 않습니다. 그냥 내가 참는 것이 낫다고 판단할 가능성이 높습니다.

부모의 말은 아이의 인생이 된다

우리 집 세 아이 중에도 이런 기질의 아이가 있는데요. 부모가 심부름을 시킬 때면 여지없이 그 아이가 나섭니다. 서로 가기 싫다 실랑이를 하다가도 결국 자신이 가겠다고 말하는 아이는 둘째입니다. 이런 상황이 반복되다 보니 어느덧 고정되어 버려서 한번은 찬찬히 점검을 해 봤습니다. 그랬더니 둘째 아이의 반응에 우리 부부는 대체로 칭찬과 고마움을 표현했던 것이고, 그 부분이 아이의 양보심을 더욱 강화시켰다는 것을 깨닫게 되었습니다.

그렇다면 이런 유형의 아이를 둔 부모들은 어떻게 반응해야 할까요? 자칫 거절 못 하는 아이로 키우는 것은 아닌지 고민스럽기도 합니다.

우호형 아이의 특징

실제로 이런 아이의 성향 때문에 심각하게 상담을 원하는 부모님들이 꽤 있습니다. 아이가 발표도 잘하고 자기 이야기도 명확하게 하면 좋겠는데 우물쭈물하거나 양보만 하는 것 같아서 답답하다는 것이죠. 발표 잘하는 방법이 있으면 가르쳐 달라고 속내를 털어놓기도 합니다. 하지만 이런 성향의 아이들은 내향 특성이 강하다 보니 자발적으로 손을 들어 이야기한다거나, 많은 사람 앞에서 당당하게 자신의 이야기를 하는 것이 쉽지 않습니다. 깊이 생각하고 신중하다 보니 말할 타이밍을 놓치기도 합니다.

둘째 아이의 부모 참관 수업이 생각납니다. 부모들은 내 아이가 발표를 잘하는 모습에서 아이의 학교 적응력과 학업 태도를 짐작합니다. 그러다 보니 선생님의 질문에 이 아이, 저 아이 다 손을 들고 한마디씩 하는 것을 보면서 '내 아이는 뭐 하고 있나' 하며 눈길을 보내게 됩니다. 그런데 우리 집 둘째 아이는 뒤를 돌아보며 씩 웃을 뿐 좀처럼 발표를 하지 않았습니다. 그때 마음이 어찌나 쓸쓸했던지, 그 기억이 지금도 선명합니다.

참관 수업이 끝난 뒤 우리는 불편한 마음을 누르고 물어봤습니다.

"둘째야, 다른 친구들은 다 자기가 알고 있는 것을 발표하려고 하는데 너는 왜 가만히 있었어?"

그 말에 아이는 짤막하게 대답했습니다.

"친구들 앞에서 이야기하는 건 쑥스러워."

그때는 별말을 하지 않았지만 돌아오는 내내 '어떻게 하면 발표력을 키울 수 있을까?', '어떻게 하면 자기 의견을 이야기하는 것이 쑥스러운 것이 아니라 당연한 거라고 인식시킬 수 있을까?' 하는 생각이 떠나지 않았습니다.

우호형 아이를 둔 부모라면 이런 경험 한 번쯤은 있으실 것 같은데요. 한 지인은 속상한 마음에 아이에게 엄포를 놓았다고 합니다. 마음 단단히 먹은 엄마, 아빠가 "너 이리로 와서 앉아 봐! 오늘부터

부모의 말은 아이의 인생이 된다

매일 발표 연습을 시킬 거야! 왜 말을 못 해? 다른 아이들은 다 손 드는데, 바보같이!"라고 한 것이죠. 하지만 여기서 반드시 기억해야 하는 것은, 이런 피드백은 우호형 아이들을 더욱 주눅 들게 할 뿐 어떠한 도움도 줄 수 없다는 것입니다. 오히려 내향 기질이 방어 기제로 작동해 상황을 회피하게 만들어 더욱 남 앞에 나서지 못하는 상황이 반복되는 악순환을 불러올 수 있습니다.

우호형 아이를 위한 솔루션
'공감과 거절 훈련'

우호형 아이를 키울 때 염두에 둬야 할 부분은 강압적인 태도가 아이의 입을 더욱 닫게 만들 수 있다는 것입니다. 오히려 "별일 아니야. 사람이라면 그럴 수 있어"라는 공감으로 부담스러운 상황을 무섭지 않게 만들어 줘야 합니다. 그 점을 숙지한 후 우리 부부는 둘째 아이에게 이렇게 피드백을 했습니다.

"둘째야, 분명 사람들 앞에서 이야기하는 건 쑥스러운 일이기도 해. 그런데 아까 찬수가 발표하던데 그 이야기 지금 다 기억하고 있어? 잘 기억 안 나지? 네가 생각하는 것처럼 사람들이 네 말을 잘 듣고 계속 외우고 있는 건 아니야. 그러니까 말한다는 건 그냥 자연스러운 일이지, 기억도 못 할 다른 사람의 눈치를 보며 쑥스러워해야 할 일이 아니야. 이런 말을 네게 해 주고 싶어."

다음 해 부모 참관 수업을 갔을 때, 아이가 두세 번 손을 들더라고요! 물론 수업마다 손을 드는 아이들에 비해서는 적은 횟수였지만 우리에게는 꽤 의미 있는 일이었습니다. 학교를 나오면서 "오늘 앞에 나가서 한 활동 멋졌어!"라고 가볍게 칭찬했더니, 아이가 씩 웃으며 말했습니다.

"저도 용기를 내봤어요. 생각보다 떨리지 않았어요."

그날 이후에 둘째 아이는 내향적이지만 자기표현은 곧잘 하는 아이가 되었습니다.

아이들의 기질은 부모가 어떻게 반응하는가에 따라 전혀 다른 결과를 가져올 수 있습니다. 약점에 대해 집요하게 피드백을 하기보다는 적절한 타이밍에 가볍게 부담을 덜어주는 피드백이 효과적이라는 것을 경험했습니다.

또한 우호형 아이들에게는 거절 훈련이 의미가 있습니다. 아이가 부모 말에 순응할 때 무조건 칭찬하지 말고 잠깐 멈춰서 생각해 보시길 바랍니다. 부모가 일방적으로 시키는 것을 아이가 받아들이기만 한다면, 나중에 아이의 긴 인생에서 정작 타인의 부당한 요구도 그냥 수용할 가능성이 있다는 것을요.

오늘 아이를 대하는 나의 방식이 후에 아이가 만날 다른 사람들과의 관계에 어떤 영향을 미칠지 길게 보며 생각해야 합니다. 내 아이가 다른 사람들로부터 어떤 대우를 받을지에 대해서 말이죠. 그렇

부모의 말은 아이의 인생이 된다

게 보면 당장은 아이가 내 말을 듣는 게 좋다고 느낄 수 있지만, 잠깐 브레이크를 걸고 아이의 입장에서도 바라봐 주세요. 이런 관점에서 우리 부부는 둘째 아이에게 이렇게 이야기했습니다.

"심부름해 주겠다는 건 고마운데 혹시 지금 뭐 하다 왔니? 아, 숙제를 하고 있었구나. 급한 건 아니고? 숙제가 급한 거면 그건 네게 중요한 일이야. 그럴 때는 '저 이거 하던 중인데 지금 꼭 가야 하나요?'라고 묻는다면 우리도 네 상황을 잘 이해하고 행동할 수 있을 것 같아. 너의 시간도 소중하니까."

이렇게 거절하는 법을 훈련하면서 아이는 제법 자신의 상황을 잘 설명하고 못하는 건 못하겠다고 말할 줄 알게 되었어요. 얼핏 들으면 부모의 배려심이 지나쳐 보일 수 있지만, 무조건 순종하는 아이가 아닌 자신의 삶을 사는 아이로 키워 내는 것이야말로 더욱 중요하지 않을까요?

학업 면에서 우호형 아이들은 자신의 페이스대로 하기 때문에 친구들보다 좀 느리거나, 모르는 것을 질문하지 못할 가능성도 높습니다. 잘 이해되지 않으면서도 부모의 말에 토를 달지 못해서 알아듣는 척을 할 때도 있고요. 그러다가 질문을 받으면 당황합니다. 그런 점 때문에 우호형 아이를 지도할 때는 편안한 분위기에서 질문을 할 수 있게 유도해야 합니다. 큰 목소리나 강압적인 요구에 주눅이 잘 드는 스타일이므로 부드럽고 안정된 환경을 제공해야 합니다. 심리학에서는 이런 환경을 '안전지대'라고 하는데요. 이런 안전지대는 인간관계 중 특히 부모·자녀와의 관계에서 반드시 필요합니다. 우호형의 아이들에게는 더 말할 필요도 없습니다.

"아빠 설명이 잘 이해되지 않으면 질문해 줄래? 아빠가 가르쳐 주는 게 중요한 게 아니라 네가 이해하는 게 정말 중요하거든."

이렇게 왜 질문을 하라고 하는 건지 의도를 이야기해 주고 편안하게 질문할 수 있는 분위기를 만들어 줘야 합니다. 이런 대화가 반복되면 아이는 꼭 공부에 관련된 것이 아니어도 궁금한 것을 편안하게 질문하는 아이로 성장합니다.

또한 이런 유형의 아이들은 급격한 변화를 그다지 좋아하지 않습니다. 아이 공부를 시키다가 이 책이 좋다고 하여 기존 책에서 새로운 책으로 갈아타는 등의 방법은 아이를 자꾸 불편하게 만듭니다. 아이의 학습을 장기적인 관점에서 생각하고, 서두르지 말고 차근차근 해나가는 게 중요합니다.

요약하면 우호형 아이들은 상대의 화, 분노, 질책에 불필요한 불안감을 느끼고, 냉랭한 분위기에 신경을 쓰는 등 예민하고 생각이 많은 편입니다. 따라서 자신만의 생각의 늪에 빠지지 않도록, 안전지대에서 편안하게 자신의 색깔을 낼 수 있도록 해 주는 것이 매우 중요합니다.

부모의 말은 아이의 인생이 된다

예민한 아이?
섬세하고 치밀한 아이!

"엄마가 괜찮다고 몇 번을 이야기해! 빨리 들어가."

"혼자 들어가기 무서워!"

"뭐가 무서워. 내가 맨날 너한테 이런 이야기를 해야 해? 진짜 짜증 나게…… 빨리 들어가!"

"엄마, 나 싫어, 싫단 말이야."

"얘가 진짜 왜 이래, 창피하게. 이리 와!"

어느 날 문화센터 앞에서 들어가기 싫다고 떼쓰는 아이를 엄마가 질질 끌고 가다시피 하는 모습을 본 적이 있습니다. 그 상황을 지켜보면서 아이 중에는 유독 무언가를 하기 전에 '많은 설명'이 필요한 아이가 있겠다는 생각이 스쳤습니다. 주변의 그런 아이들을 떠올려 보니 행동 유형상 '사고형' 아이일 가능성이 높았습니다.

내향적이고 이성적인 특성을 가진 사고형 아이들은 스스로 이유가 납득되지 않으면 좀처럼 행동하지 않으려는 경향을 보입니다. 앞서 설명해 드렸듯이 이러한 기질은 환경과의 상호작용으로 인해 성격으로 형성될 가능성이 높습니다. 하지만 아직 어린아이의 경우, 하루하루 성격이 형성되는 중이니 부모가 어떻게 상호작용을 해 주느냐에 따라서 소위 말하는 좋은 성격과 그렇지 않은 성격으로 발달할 수 있겠지요. 그러니 부모의 말 한마디 행동 하나에 따른 상호작용의 중요성을 다시 한번 강조하지 않을 수 없습니다.

'사고형' 아이들의 특징

그렇다면 에너지의 방향은 내향이고 행동할 때 이성적 판단이 앞서는 사고형 아이들은 어떻게 대하는 것이 좋을까요? 먼저 이 아이들은 무언가 행동을 취하기 전에 생각을 많이 합니다. 나름대로 변수도 고려해야 하고 낯선 상황에서 예전에 겪었던 안 좋은 경험도 떠올리다 보니 처음, 첫 시간과 같은 낯선 장소와 사람들을 피하려 듭니다. 그러다 보니 행동은 더욱 느려질 수밖에 없습니다.

이런 아이에게 부모는 어떻게 피드백을 해야 할까요? 먼저, 피드백에는 2가지 종류가 있습니다.

부모의 말은 아이의 인생이 된다

첫 번째, 결론 중심의 일방적인 피드백입니다.

두 번째, 설명식 상호작용 피드백입니다. 물론 어릴수록 설명식 상호작용 피드백이 좋습니다.

그런데 저를 포함한 많은 부모가 상황이 급하고 아이가 아직은 어리다는 생각에 결론부터 말할 때가 많습니다. 자신도 모르게 일방적인 피드백을 하는 셈이죠. 또 주변에서 "엄마나 아빠가 하라면 해야지, 매번 그렇게 설명하면서 어떻게 키우냐?"라고 말씀하는 부모들도 만납니다. 당연히 이해합니다. 그러나 재차 강조하는 것은 '아이의 기질에 부모가 어떻게 반응하느냐에 따라 아이의 성격 형성에 긍정적, 부정적 영향을 미친다'는 점입니다. 따라서 부모가 원하는 방식이 아닌, 아이가 받아들일 수 있는 방식을 선택하는 것이 같은 말을 하더라도 효과적입니다.

여기서 아이가 받아들인다는 것은 단순하게 '부모가 시키는 대로 행동한다'는 표면적 모습뿐 아니라, 아이 스스로 '그렇게 행동해야 하겠다'고 내면화하는 것을 뜻합니다. 표면적으로만 억지로 받아들이면 아이가 커서도 자기 생각이나 주장에 확신이 없고 매사를 쉽게 포기하게 됩니다. 안전 문제가 있거나 위급한 상황이라면 부득이하게 강압적으로 피드백을 할 때도 있겠지만, 대부분의 경우에는 설명식 피드백을 하는 것이 효과적입니다.

제 경험을 보태자면, 사고형 아이에게 어릴 때부터 공들여 피드백을 하다 보면 커가면서 소통이 훨씬 간단하고 쉬워집니다. 중학생이 된, 우호형이면서도 사고형 기질을 가진 우리 집 둘째는 이제 간단한 설명과 피드백으로 충분한 소통을 합니다. 어릴 때 많은 시간을 교감하고 설명했던 소통 방식이 아이에게 안정감을 줬다고 생각합니다.

사고형 아이를 위한 솔루션
'설명식 피드백'

그렇다면 설명식으로 피드백한다는 것은 무엇일까요? 앞서 문화센터 입구에서 버티는 아이 때문에 난감했을 엄마를 떠올려 봤습니다. 그럴 때는 들어가기 싫어하는 아이를 답답해하며 억지로 들여보내려고 하지 말고 이렇게 피드백을 하면 어땠을까요?

"어디 들어가는 게 아직도 좀 어색하구나. 엄마도 새로운 모임에 갈 때는 늘 어색해. 처음부터 친해지는 사람들은 많지 않아. 그러니 네가 어색해하는 건 당연해. 하지만 계속 안 들어간다고 어색해지는 상황을 해결할 수가 없어. 그러니 네가 너무 힘들다면 몇 번은 엄마가 같이 들어가면 어떨까 싶은데…… 너는 어때?"

즉, 어색한 것은 네 성격이 답답해서도 아니고 사람들이 이상해서도 아니고 처음이라면 누구나 겪는 감정이라고 설명해 줘야 합니

부모의 말은 아이의 인생이 된다

다. 또 그 어색함을 점차 줄일 수 있는 방법을 부모가 아이와 함께 찾아보는 것이 필요한 것이죠.

우리 집 둘째 아이도 불안한 모습을 자주 보이고 '창조적인' 걱정거리를 만들어 냈습니다.

"아빠, 만약에 선생님이 내가 가져간 노트가 아니라 다른 걸 갖고 와야 한다고 하면 어떡해?"

"엄마, 4시에 엄마가 나를 데리러 오지 않으면 어떻게 해?"

"아빠, 애들이 나랑 놀아 주지 않으면 어떻게 해?"

사고형 기질을 가진 둘째 아이가 어릴 적 수시로 던졌던 질문들입니다. 이런 아이들은 특히 '예기 불안'이 많습니다. 상황을 미리 그려 보고 앞서 불안해하는 건데요. 불안은 심리학적으로 복잡다단한 요소들에서 원인을 찾기도 하지만 기질에 원인이 있는 경우도 있습니다.

사고형 아이들은 생각이 많다 보니 여러 가지 상황을 지켜보다가 그런 상황들이 자기에게 닥치면 어떻게 해야 하는지 앞서서 불안해하는 것입니다. 그때 부모가 강압적으로 아이를 잡고 생각을 고치려 한다면 아이의 불안은 더욱 커지고 성격으로 고착될 수도 있습니다. 예를 들어 자기가 예측한 상황이 공교롭게도 딱 맞아떨어지게 된다면, 그때부터는 모험은 물론 새로운 곳에 적응하는 것조차 쉽지 않을 수 있습니다.

이런 기질을 보이는 둘째를 키우면서 저는 육아 서적도 많이 읽고 덮어 뒀던 심리학책도 다시 들여다봤습니다. 그만큼 불안해하는 아이를 키우는 것은 시간과 에너지가 많이 드는 일이었고, 엄마도 그런 아이를 보며 덩달아 불안해질 수 있다는 것을 실감했죠. 하지만 그럴 때마다 마치 저 자신에게 이야기하듯, 아이의 불안한 마음이 편안해질 수 있도록 하나하나 풀어서 이야기하려고 노력을 많이 했습니다. 생각해 보면 그때만큼 우리 부부가 "참 지치네……"라는 말을 많이 주고받은 적은 없는 것 같습니다. 그때 아이에게 해 줬던 말들을 떠올려 보면 대개 이렇습니다.

"선생님이 이야기한 노트가 그 노트가 아니어도 선생님은 대부분 괜찮다고 하실 거야. 그리고 만약 그게 아니라고 하더라도 다시 가져갈 기회를 주실 거야. 그러니 불안해할 필요 없어. 아니라면 다시 준비해도 되는 거야."

"엄마가 차가 막혀서 물론 늦을 수는 있지만, 늦는다면 선생님께 전화를 드릴 거야. 그렇다면 선생님은 네게 엄마의 상황을 이야기해 주실 거고. 하지만 엄마는 네가 빨리 보고 싶기 때문에 되도록 일찍 올 거야. 그러니 늦지 않을 거란다."

조금은 장황한 듯 긴 이야기를 주고받은 후에 아이는 안심하기도 했지만 반대로 더욱 안 좋은 상상을 늘어놓기도 했습니다. 그러면 나쁜 상황에 놓일 수 있는 다른 변수에 관해서도 이야기를 나눴고, 그러다 보면 아이는 점차 차분해졌습니다.

그리고 아이가 가졌던 예기 불안에 대한 사후 피드백도 놓치지 말아야 합니다.

"어때? 오늘 가져간 노트가 맞게 준비한 노트였지?"

"어때? 엄마가 시간을 맞춰서 제대로 왔지?"

이런 추후 피드백까지 완료해 주면, 사고형 아이들의 예기 불안은 점차 줄어듭니다.

매사에 그렇게 고민이 많고 불안감을 자주 드러냈던 우리 집 둘째 아이는 이제 꼼꼼하게 공부하면서도 때로는 대범하게 새로운 일을 마주하는 마음이 씩씩한 아이로 자랐습니다. 아이와의 관계도 노력이 결실을 맺는다는 깨달음을 준 사례입니다.

그럼 사고형 아이의 공부는 어떻게 도와줘야 할까요? 100점을 강조하거나 결과 중심적으로 피드백을 하면 아이에게 부담감과 무기력감을 줄 수 있습니다. 내향적이고 분석적인 아이들이 100점이라는 완성도에 과도하게 몰입할 경우 전체 숲을 보지 못하고 나무 하나에 과도하게 집중할 가능성이 높기 때문입니다. 또 완벽성에 초점을 두면 아예 시작하지 않으려 할 가능성도 있습니다.

간혹 100점을 맞지 못했다고 스스로 아쉬워하는 아이들을 자랑삼아 이야기하는 부모님들도 계십니다. 하지만 당장 좋은 성과를 내며 완벽하게 해내는 성격이 장차 크게 될 놈같이 보여도 장기적으로는 무엇 하나 완주하기 어려운 아이가 될 수도 있습니다.

어떤 일을 할 때마다, 무엇을 시도할 때마다 완벽히 하고자 하는 기질이 자신을 괴롭혀 오히려 모험이나 도전을 포기하는 성격으로 발달할 수 있습니다. 그래서 공부 피드백을 할 때는 100점에 대한 부담을 내려놓고, 과정 중심의 피드백을 해야 합니다. 전문가들이 말하는 '과정 중심 피드백'이 사고형 아이들에게는 필수입니다.

또 사고형 아이들은 문제 하나를 잡고 그 문제에만 집중하다가 다음 진도를 못 나가는 경향을 보이기도 합니다. 따라서 "공부는 네가 모르는 걸 알아가는 과정이기 때문에 지금은 모를 수 있어. 그러니 우선은 알고 있는 것부터 풀고, 모르는 건 그다음에 생각해도 늦지 않아"라고 이야기해 주면 좋습니다. 스스로 납득하며 풀어가는 성격상 개념을 설명하거나 이해시킬 때 왜 그런지를 자세하게 풀어 주는 것도 사고형 아이들의 공부에 도움이 됩니다.

내 아이 공부
심리 상태별 대화법

"우리 아이는 공부 체질이 아닌가 봐요. 공부하려고만 하면 도축장에 끌려오는 소 같아요."

한 어머니가 우리 부부의 유튜브 채널에 고민 상담으로 올린 내용입니다. 공부를 많이 시키지도 않은 것 같은데, 공부하려는 자세가 영 안 되어 있다고 한탄을 하시면서요. 그렇다면 이런 아이는 정말 체질 때문에 공부를 못하는 걸까요?

공부 못하는 다른 이유가 있다!

SNS나 유튜브를 보면 놀랍도록 큰 변화를 이루었다는 후기들이 우리를 유혹합니다.

"이 방법으로 다이어트해서 살을 쏙 뺐어요!"

"책 한 권으로 영어 마스터했어요!"

"이 방법 하나면, 공부 확실히 잡을 수 있어요!"

이런 광고 문구와 달리, 현실은 어떤가요? 그들 중에 나만 예외가 되는 게 현실 아니던가요? 공부 또한 마찬가지입니다. 다들 잘 따라가고, 다들 노하우를 아는 것 같은데, 우리 아이만 안 되는 것 같고, 아무리 가르쳐도 제자리에 있고, 우리 아이만 공부의 '공' 자만 나와도 의기소침해지는 것 같은 좌절의 경험이 있을 겁니다. 그럴 때면, 혼도 내보고 '너 누구 닮아서 그러니?'라며 마음속 답답함을 토로하기도 합니다. 그러다 급기야는 '공부 머리는 아닌가 보다' 하는 심정에 공부고 뭐고 다 때려치울까 하다가도, 또 집에서 빈둥거리며 헛짓하는 아이를 보면 가만히 봐주기도 힘듭니다.

어떻게라도 아이 마음을 잡게 하려고 부모가 갖은 애를 쓰는 시기가 바로 초등학교 시기입니다. 이 과정에서 아이와 다투기도 하고, 또 어느 정도 공부 이해가 빠른 아이는 곧잘 따라오기도 합니다. 그러나 보통의 아이들은 부모로부터 마음의 상처를 입기 쉽죠. 그렇다면 이 시기에 어떻게 아이를 이끄는 것이 좋을까요?

부모의 말은 아이의 인생이 된다

아이의 마음 밭을 살펴야
변화가 생긴다

개인의 변화를 끌어내는 모델 중 '초이론적 변화 모델(Prochaska & Diclemente, 1983)'이 있습니다. 이 모델은 변화에 대한 '준비도'를 이해하고, 자신의 상태가 어느 단계인지 점검한 후 그것에 따라 이끌어 줘야 한다는 모형이죠. 이해를 돕고자 예를 들어보겠습니다. 다음 중 금연에 성공할 확률이 높은 사람은 누구일까요?

첫 번째 사람: '이 좋은 걸 왜 끊어?'
두 번째 사람: '아, 건강에도 안 좋고 끊긴 끊어야 하는데……'
세 번째 사람: '금연에 성공하려면 어떻게 해야 할까?'

당연히 세 번째 사람일 것입니다. 왜냐하면 구체적인 방법을 찾고 있기 때문이지요.

이처럼 초이론적 모델에서는 개인들이 변화를 이루기 위해서는 원하는 목표에 이르기까지 변화 과정 중 어느 지점까지 와 있는지를 점검해야 한다고 합니다. 첫 번째 사람의 '이 좋은 걸 왜 끊어?'라는 생각의 단계는 금연을 전혀 실행하고자 하는 의지가 없는 단계, 즉 '전숙고(생각하지 않는 단계)' 단계입니다.

'아, 담배를 끊긴 끊어야 하는데……'라고 고민만 하는 두 번째 사람은 '숙고' 단계입니다. 즉, 금연을 생각하고 있는 단계입니다. 당연히 전숙고보다는 숙고 단계일 때 다음 단계(준비, 실행)로 넘어가기에 수월합니다.

구체적으로 금연을 하기 위해서 금연 학교 등의 방법을 찾는 단계가 '준비 단계'입니다. 이때는 마음이 준비되었고 적합한 방법을 찾는 단계로, 이 단계가 잘되어야 실질적 '금연 실행' 단계로 갑니다. 여기서 끝나지 않고 이 실행이 꾸준히 이어지면 비로소 '유지' 단계에 이르는 것이죠. 정리하면, 금연을 이루기 위한 심리적 단계는 다음과 같습니다.

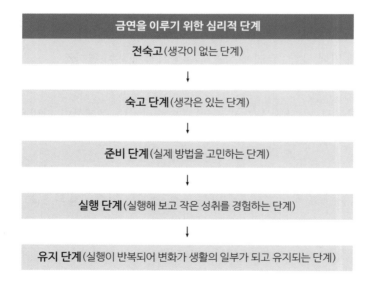

금연을 이루기 위한 심리적 단계
전숙고(생각이 없는 단계)
↓
숙고 단계(생각은 있는 단계)
↓
준비 단계(실제 방법을 고민하는 단계)
↓
실행 단계(실행해 보고 작은 성취를 경험하는 단계)
↓
유지 단계(실행이 반복되어 변화가 생활의 일부가 되고 유지되는 단계)

공부도 마찬가지입니다. '공부를 왜 해야 하는 거야?'라고 생각

부모의 말은 아이의 인생이 된다

하는 아이가 공부를 잘할 일은 거의 없습니다. 공부의 필요성 자체를 못 느끼거나, 부모가 "공부 안 하면 네가 뭘 할 거야?"라는 식으로 강압적으로 아이를 몰아세울 경우에는 역설적이게도 아이는 계속 공부에 대한 전숙고 단계일 수 있습니다. 전숙고 단계에서는 공부해야 할 이유를 찾지 못했기 때문에 거짓말로 한다고 때우거나, 답안지를 베껴서 상황을 모면하거나 부모가 볼 때만 하는 척하는 행동을 합니다.

공부를 왜 해야 하는지는 알겠는데, 맨날 마음만 먹고 못하는 아이가 있습니다. 시작이 느리고 결심이 오래가지 못합니다. 즉, 공부를 잘하고 싶지만 잘할 자신은 없어서 양가감정이 왔다갔다하는 상태가 바로 '숙고' 단계입니다.

준비 단계는 공부를 잘할 수 있는 방법을 모색하고, 학원에 다니고 싶다는 말도 하고 교재를 직접 알아보기도 하는 경우입니다. 이 단계를 넘어 실행 단계까지 가면 부모의 잔소리 없이도 공부하고, 자기가 직접 공부와 씨름을 하는 단계에 이릅니다. 마지막으로 이 단계가 지속되어 잘 정착되면 '유지' 단계, 즉 모든 부모가 바라는 스스로 잘하는 아이가 되는 것입니다.

여기서 우리가 염두에 둬야 할 점은 각 단계에 대체로 순차적으로 도달하게 된다는 것입니다. 아이가 공부에 대한 필요성을 전혀 모르는 '전숙고' 단계에서 갑자기 중간 단계를 건너뛰고 '유지' 단계로 넘어가는 것은 벼락을 맞는 일만큼이나 드뭅니다. 모든 변화는 나름의 단계에서 과제를 수행해야 진정으로 이루어진다는 것이 이 이론의 핵심입니다.

'내가 왜 공부를 해야 해?'라는 스스로의 거부감 섞인 질문에 답할 수 있어야 그다음 단계로 넘어간다는 것이지요. 그래서 부모는 지금 내 아이의 공부 심리 상태가 어느 단계인지를 체크하고, '유지' 단계를 위해 한 단계씩 올라가는 것을 목표로 해야 합니다. 즉, '전숙고'의 단계에 있는 아이라면 '숙고'까지 가는 것을 목표로 하면 됩니다.

우리 아이가 변했어요!
(조금요……)

우리 집 세 아이는 공부에 대한 단계가 모두 제각각입니다. 큰아이는 중학생 때부터 어느새 잔소리하지 않아도 공부 스케줄을 스스로 세우고 실행합니다. 아이는 또래 친구들이나 주변의 지인들을 보면서 '공부의 결과'가 곧 '자기 스펙'인 것을 깨달은 듯합니다. 이런 경우 스스로 계획을 세워 인강을 듣고, 매일매일 해야 할 공부 분량을 소화하기 때문에 '실행'에 이어 안정된 결과가 나오면 '유지' 단계가 될 수 있습니다.

지금은 어느 정도 공부 습관이 잡혔지만, 막내는 전형적인 '전숙

부모의 말은 아이의 인생이 된다

고' 단계에 있었습니다. 공부의 필요성을 못 느끼다 보니 답안지를 베끼고, "공부 다 했어요!"라고 아무렇지도 않게 거짓말을 하는 일이 많았습니다. 그래서 한번은 우리 부부가 막내에게 진지하게 이야기했습니다.

"네가 원하지 않으면 공부 안 해도 좋아. 그런데 네가 멋진 직업을 꿈꾸거나 나중에 무언가를 하고 싶을 때, 공부를 차곡차곡 쌓아두지 못해서 할 수 없다면 너한테 많이 손해가 될 수 있어. 그땐 매일매일 쌓아두지 못한 것이 큰 산이 돼서 따라가기 쉽지 않아져. 너 혹시 ○○ 형 기억하니? 그 형이 지금 정말 가고 싶은 학교가 있는데 그간 쌓아 놓은 것이 없어서 요즘 너무 속상해한다고 하더라. 그러니 너도 잘 생각해 봐!"

이런 말이 과연 아이들에게 통할지 궁금해하시는 분들도 있겠지만, 우리가 세 아이를 키우면서 느낀 점 한 가지는 아이들이 생각보다 말을 잘 알아듣는다는 겁니다. 그래서 우리 부부는 되도록 아이 관점에서 말을 상세하게 풀어서 하고, 아이가 소화하기 쉽게 꼭꼭 씹어서 해 주는 편입니다.

다행히 전숙고 단계였던 막내는 우리의 그런 설명이 몇 번 반복되자, 공부를 하긴 해야 한다는 것을 깨달았습니다. 공부의 필요성을 넘어 숙고의 단계로 간 것이지요. (그즈음 즐겨 보던 한 드라마의 주인공이 공부를 잘 못해서 대학 입학고사를 보기 힘들어하는 모습을 보면서도 느낀 것 같습니다.) 지금은 숙고 단계를 지나, 매일 준비하고 실행하는 단계에 와 있습니다. 자신의 학습을 계획하고 진행하는 습관을 갖게 되었습니다. 물론 지금도 잠시 공부하다가 긴 수면에 들어갈 때도 있지만, 그래도 펜을 놓지 않은 채 잠든 모습이 귀엽기도 합니다.

무엇을 하든 이런 단계가 있다는 것을 알았다면, 공부도 무조건 아이가 책상에 앉아 펜을 잡고 문제집을 푸는 것이라는 생각에서 벗어나 '전숙고 → 숙고 → 준비 → 실행 → 유지'의 각 단계에서 부모가 해 줄 수 있는 것이 무엇일지 먼저 고민하시면 좋겠습니다.

공부의 필요성, 즉 공부해야 하는 이유를 심어 줘야 하는 전숙고 단계인지, 자신감이 없는 숙고의 단계인지, 학원이나 학습지 선택을 도와줘야 하는 실행 단계인지를 판단하고 그에 맞는 해결책을 제공하는 것이 먼저입니다. 같은 배에서 나와서 같은 부모에게 양육을 받는데도 너무 다른 우리 집 세 아이를 볼 때마다 '어떻게 한 방식으로 여러 아이를 대할 수 있을까?'라는 생각이 자주 듭니다.

둘째 아이는 어느새 공부의 유지 단계에 도달해 있어서 사달라는 책을 사 주고, 필요하다는 물품과 강좌는 요청에 맞게 빨리 준비해 줍니다. 스스로 실력을 진단하고 싶어 해서 경시 대회를 신청해 주기도 합니다.

우리 부부는 경험상 학원도 '준비 단계' 수준에서 보내는 것이 효과가 있다고 생각합니다. 그래서 초등학교 때는 아이들이 자기주도 학습으로 인강을 주로 활용하게 하고, 스스로 보강을 위해 학원에 보내달라고 하는 준비(방법을 더 구체적으로 찾을 때) 상태일 때 학원에 보냈습니다. 함께 문제집을 찾고 계획을 점검해 주었습니다. 지치지 않게 힘을 주고 잘하고 있다고 용기를 주는 데 집중했지요.

그 덕분인지 한 번도 학원 가기 싫다는 말을 한 적이 없으니 인간은 스스로 준비될 때가 따로 있는 듯합니다. 전숙고에서 숙고에 와 있는 아이를 위해서는, 노력하려는 모습을 조금만 보여도 칭찬을 아끼지 않습니다. 그리고 단계의 문턱을 낮춰서 무언가 스스로 하는 것을 장려하고 응원합니다.

아이의 마음 밭이 어떠한지를 살피고 그에 맞는 방법을 찾아주는 것이야말로 부모의 가장 큰 지원입니다. 이렇게 아이의 마음 밭을 아이의 수준대로 살피면, 형제들끼리 비교하는 일도 사라집니다. 물론 우리 부부도 '저 아이는 왜 저렇게 느릴까?', '저 아이는 왜 저게 안 될까?' 등으로 비교할 때도 있었지만, '아이마다 마음 밭이 다르고 마음 결이 다르다!'라는 것을 깨닫고 난 뒤에는 그저 흐뭇한 마음이 들 때가 많습니다. 오늘 잠시 비교를 멈추고, 내 아이의 공부 심리 상태는 어떠한지 살펴보고, 그 심리를 응원하고 끌어올리는 대화를 시도해 보셨으면 합니다.

걱정과
불안이 많은 아이

"엄마, 꼭 2시까지 데리러 올 거지?"

"그럼. 걱정하지 마."

이쯤에서 인사하고 학교로 들어갈 것도 같은데, 또 똑같은 질문이 이어집니다. "그런데 엄마가 2시까지 오지 않으면 난 어떡해요?"

"꼭 온다니까!"

"만약 안 오면요……. 그럼 전 어떡해요?"

"안 오긴 왜 안 와? 어서 들어가. 그럼 전화하면 되잖아!"

"선생님이 전화를 하지 말라고 하면요."

끝도 없이 이어지는 말꼬리에 팩하고 화가 나기 일보 직전입니다. A부터 Z까지 자기가 예상한 대로 되지 않을까 봐 불안해하며 몇 번을 되물어보니 이쯤 되면 부모도 넋이 나갑니다.

부모의 말은 아이의 인생이 된다

정서심리학에서 불안과 두려움은 인간이 살아가면서 느끼는 기본 정서 중 하나로 정의합니다. 불안과 두려움은 모두 자신의 안녕에 위협이 가해질 때 일어나는 불편한 정서로 분류됩니다. 두려움과 불안의 차이는 확인할 수 있는 위협에 대한 것이냐, 불명확한 위협에 대한 것이냐일 뿐입니다. 아이가 거미를 보고 깜짝 놀라 그쪽으로 가기 싫어하는 것은, 확인할 수 있는 위협에 대한 두려움입니다. 그런데 딱히 이유도 없이 "학교 가기 싫어", "정말 올 거야?", "혼자 자면 무서워!" 등 별 방향성도 없이 걱정하는 것은 불안 상태입니다. 이렇게 불명확하고 방향성도 딱히 없는 불안에 시달리는 아이의 부모들은 스트레스도 받고, 대체 뭘 어쩌라는 건지 화가 나기도 합니다.

불안함은 기질 탓?

'순한(easy) 아이는 낯선 대상에 대한 반응이 긍정적인 반면, 까다로운(difficult) 아이는 낯선 대상에 대한 반응이 부정적이다. 기분 표현 수준도 순한 아이는 약하거나 보통인 반면, 까다로운 아이는 강한 편이다.'(발달심리학 이론으로, 토마스(Thomas)와 체스(Chess)의 기질 모형을 말함)

대학원에서 발달심리학 수업을 듣다가 순한 아이, 까다로운 아이 이야기를 듣고 매우 공감한 적이 있습니다. 아이의 기질에 따라 활동 수준도 다르고, 사회 적응성도 조금씩 다르다는 이론이지요. 이것은 앞서 아이의 기질에 따른 유형별 특징에 대해 설명할 때도 말씀드렸던 점입니다. 다만, 기질이 예민하고 까칠한 성향이 아니어도 아이들이 특정 상황이나 특정 이슈에 불안감을 크게 나타낼 때가 있다는 겁니다. 그건 기질이라기보다는 본능에 가깝다는 생각을 아이 셋을 키우면서 하게 됩니다.

어느 날 초등 고학년이 된 아이가 밑도 끝도 없이 "전쟁이 나면 어떡해요?", "북한이 쳐들어오면 우린 꼼짝없이 죽는 거예요?"라고 물으며 불안을 호소했습니다. 아니, 난데없이 전쟁이라니. 그것도 기질과 성향으로 치면, 속된 말로 '무대포' 기질에 깊이 생각하지 않고 행동하는 우리 막내가 왜 갑자기 이런 불안의 표현을 하나 싶어 의아했습니다. 처음에는 대수롭지 않게 "에이, 전쟁이 그렇게 쉽게 나나? 걱정하지 말고 밥 먹자" 정도로 대답해 줬습니다. 그런데 며칠 후에는 "무서워서 혼자 못 자겠어. 전쟁 나면 어떡해?"라고 다 큰 녀석이 눈물까지 글썽입니다. 어릴 적 유난히 예민하고 불안해서 A부터 Z까지 다 이야기해 줘야 했던 둘째를 경험했던 터라 갑자기 머리가 지끈지끈거렸습니다. 막내까지, 그것도 다 커서 이럴 거라고는 생각도 못했기 때문입니다.

불안한 아이,
'이렇게 하면 바뀐다'

"음, 요즘 전쟁은 예전과 달라서, 그 증후를 미리 파악하기도 해서 예전처럼 그렇게 탱크를 밀고 내려오고 그러진 않으니 잠을 못잘 필요는 없어. 그런데 왜 갑자기 전쟁 생각이 난 거야?"

"어제 수업 시간에 배웠어요!"

"아, 그랬구나. 전쟁은 다시 일어나지 않아야지. 그래서 나라에서 군인들도 많이 고생하고 있고, 나라들 간에 외교적 협력도 하는 거야. 더욱이 북한과 한국에는 미국, 중국 등 여러 나라의 이해관계가 걸려 있어서 그렇게 쉽게 북한이 전쟁을 일으킬 순 없어."

이렇게 한참 대화하고 나서야 아이의 불안감이 누그러졌습니다. 사실 이런 일은 한두 번이 아닙니다. 한번은 아이가 강도가 들어오면 어떻게 하냐며 경험한 적도 없는 불안을 쏟아낸 적도 있습니다. 그때 우리 집 문을 뚫기 어려운 이유와 강도가 예전처럼 대놓고 들어올 수 없는 이유를 비롯해, 우리 아파트 단지의 CCTV 위치 등 어떻게 보안이 유지되고 있는지를 다 설명해야 했습니다. 이 이야기를 해 주면서, '아, 참. 둘째 이후에 또 이런 일이…… 휴, 지친다. 별 이야기를 다 하네!'라는 피곤함이 몰려왔습니다. 그래도 둘째 아이의 불안감을 덜어 주었던 방법을 적용했더니 여전히 효과가 있었습니다. 그 방법을 정리하면 이렇습니다.

첫째, '이렇게까지 대화해야 할 주제인가?'라는 판단을 내려놓는 것입니다. 사실 갑자기 전쟁을 거론하며 불안감을 보이다니……. 상식적으로 말이 되지 않죠. 또 아직 한번도 경험해 보지 않은 강도에 대해 불안해하다니, 라는 어른의 판단이 앞서면서 아이의 불안을 우리 수준에서 말도 안 된다고 매듭짓고 싶어집니다. 그런데 우리 입장에서 매듭을 짧게 지으면, 아이는 앞으로도 불현듯 찾아오는 자신의 '불안'을 다스릴 방법을 찾지 못합니다.

인기리에 반영되었던 한 드라마에서 일타 수학 강사인 주인공은 완벽을 추구하는 성격 탓에 그냥 넘어가는 것이 없는데, 특히 걱정이 되면 밥도 못 먹고 스트레스를 많이 받습니다. 그래서 불안한 생각이 밀려올 때, 함께 일하는 실장에게 "모두 잘될 거라고 세 번 말해 줄래?" 등의 주문을 합니다. 그러면 실장은 이렇게 말해 줍니다.

"괜찮아요. 아무 일 없을 거예요! 괜찮아요. 아무 일 없을 거예요! 괜찮아요. 아무 일 없을 거예요!"

그렇게 상대로부터 "괜찮다"라는 이야기를 몇 번 들어야만 불안이 가라앉는 것입니다.

이처럼 큰 성인이 된 우리조차 알 수 없는 불안감에 잠을 설치고 망상의 끝을 경험하기도 하니, 아이의 불안감도 그렇게 바라봐 준다면 어느 정도 공감될 겁니다.

둘째, 그 걱정이 논리적으로 타당하지 않다는 것을 끝까지 이야기해 주는 것입니다. 이를테면, 강도가 집에 들까 불안한 아이에게는 강도가 집에 쉽게 들 수 없는 이유를 자세히 설명합니다. 우리 집의 위치, 경비 시스템, 이중 창, 우리 집이 앞 동 창문에서 잘 보이는 점 등, 찾을 수 있는 모든 이유들을 정말 다 말해 주는 겁니다. 그렇게 한참 이야기를 나눈 뒤에야 아이의 강도 이야기와 전쟁 이야기가 줄어들었습니다. 대수롭지 않게 그 이야기를 흘려들었을 땐, 몇 번이고 불쑥불쑥 그 불안을 호소했던 아이가 한 번 제대로 대화를 나누니 이해하고 잠잠해진 것이지요. 이런 대화가, 결국 삶의 어느 순간 바람처럼 찾아오는 불안을 스스로 논리적으로 잠재울 힘이 될 거라고 생각합니다.

그렇게 불안한 일에 대해 진지하게 이야기를 나눈 후 아이가 잊은 것 같거나 다른 불안을 토로할 때는 "지난번 걱정한 일도 일어나지 않았었지?"라고 한마디 더 해 주시면, '아, 그때 내가 많이 걱정했는데, 진짜 그때도 아무 일도 일어나지 않았지!'라는 깨달음이 추가됩니다.

오늘도 나름 진지한 '불안'으로 자신의 삶을 지켜가려는 우리 아이들에게 "쓸데없는 생각 말고 공부나 해!"라고 덮지 말고, '네 삶을 지키려 하는 몸부림 중이구나. 네가 네 삶을 지킬 수 있도록 생각을 키워 줄게!'라고 진지하게 대해 주시길 바랍니다.

6장

자녀의 성적을 올리는
부모의 대화법

무엇이 되도록 하는 것이 아니라
무엇이든 할 수 있는 능력을
키워 주는 것이 진정한 교육입니다.

아이의 지능을 높이는
부모의 말 습관

"나는 돌대가리야! 나는 해도 안 돼!"

중학생 때였던 것으로 기억합니다. 한 친구는 유독 좌절하는 순간에 스스로 돌대가리라는 말을 자주 했습니다. 나중에 그 친구 별명이 '돌대가리'로 자리를 잡았으니 얼마나 반복했는지 가늠이 될겁니다. 또 한 번은 이런 일도 있었습니다. 한 친구가 '돌대가리' 그 친구에게 "음, 나는 아이큐가 별로 안 높아. 120 정도야"라고 이야기했는데, 놀라운 것은 그 이야기를 들은 친구의 반응이었습니다.

"그래? 너 공부 머리는 아니구나."

사실 아이큐 120 정도면 노벨상 수상자들의 수준으로 높은 편에 속합니다. 하지만 한국인들은 아이큐 기대치가 높고, 공부 잘하는 것과 아이큐를 유독 연계해서 생각합니다. 상황이 이렇다 보니, 아

부모의 말은 아이의 인생이 된다

이들도 부모에게 심심치 않게 질문하기도 합니다.

"나 엄마 닮은 거야, 아빠 닮은 거야?

"왜 나는 형만큼 안 똑똑해?"

이런 질문을 받을 때면 당황스럽기도 한데요. 그도 그럴 것이 대한민국의 많은 부모가 무의식 중에 아이 앞에서 "당신 닮아서 그래. 나는 똑똑했거든!"이라는 유치한 말을 종종 하기 때문입니다. 내심 생물학적 DNA가 아이 지능에 영향을 주고 있음을 강조하는 것이죠. 그렇다면 똑똑함을 좌우하는 지능은 정말 정해진 것일까요, 아니면 만들어지는 것일까요?

일반적으로 발달심리학에서는 지능이 20대까지 성장한다고 봅니다. 그런데 지능의 한계는 생물학적 DNA와 거기에 더해진 환경 변수에 의해 정해진다고 합니다.

환경 변수 이야기가 나왔으니 키를 예로 들겠습니다. 키가 작은 아이가 있다고 했을 때, 실제로 그 아이 키의 최저치와 최고치는 아이가 갖고 태어난 DNA로 어느 정도 결정됩니다. 그런데 부모가 아이의 키를 키우기 위해 키 성장에 꼭 필요한 영양가 있는 음식을 신경 써서 해 주고 수면과 운동 시간을 체크하면서 노력한다면, 아이의 키는 최고치까지 나올 수 있을 것입니다.

지능도 마찬가지입니다. 1차적으로는 DNA의 영향이 크겠지만, 간과하지 말아야 할 것은 지능의 한계를 DNA 범위 안에서 최저점에 있게 할 것인지, 반대로 최고치까지 발휘하게 할 것인지는 어느 정도 부모의 행동에 달려 있습니다. 특히 부모들이 부정적인 피드백으로 아이에게 낙인을 찍을 때 아이의 지능은 실제로 최저치에 머무는 결과가 나올 수 있습니다. 따라서 일상에서 부모가 아이들과 주고받는 수많은 피드백을 의식하고, 아이의 지능을 높이는 말 습관을 갖는 것이 중요합니다.

부모의 상호작용(말)이
아이 지능에 영향을 미친다

'심리학계의 모차르트'라고도 불린 사회심리학자 레프 비고츠키(Lev Vygotsky)는 '도움과 격려를 제공하는 유능한 조력자'와의 상호작용이 아이의 지능에 얼마나 큰 영향을 끼치는지를 강조했습니다. 그렇다면 어떤 상호작용을 한 아이의 지능이 높을까요?

어느 학급의 선생님이 아이들의 능력과는 무관하게 진도를 나가는 상황을 그려 보겠습니다. 그 선생님은 아이들이 이해했는지는 중요하지 않고 다른 반보다 진도를 빨리 나가는 것에만 집중합니다. 툭하면 "집중 안 해?" 하며 소리를 지릅니다. 또 아이들을 다른 반 아이들과 경쟁시키며 비교합니다. 이런 선생님에게 진정한 교육을 하신다며 감사해할 부모는 없을 것입니다. 그런 선생님의 태도가 아이들에게 얼마나 부정적인 영향을 미치는지 부모들도 직관적으로

부모의 말은 아이의 인생이 된다

느끼기 때문입니다.

　이러한 기준을 부모인 우리 자신에게 적용한다면 어떨까요? 아이의 공부를 봐 주면서 무리하게 진도를 나가게 하고, 소리를 지르고, 다른 집 아이와 비교하는 모습, 어디서 많이 본 것 같지 않으세요? 생각보다 많은 부모에게서 이런 모습을 쉽게 찾을 수 있습니다. 그럼에도 많은 부모들은 스스로를 정당화합니다.

　"내 아이니까!"

　"내가 애를 얼마나 사랑하는데요."

　아이의 기를 죽이는 '방해의 조력자'가 아니라 '유능한 조력자'가 되기 위해서는 어떻게 해야 할까요? 우선 내 아이의 지능을 최저치로 깎아내리는 말들은 정말 조심해야 합니다. 습관적으로 이런 말을 하면 우리는 '방해의 조력자'로 전락하고 맙니다.

　"왜 집중을 못해!"

　"내가 지금 어려운 말을 하니?"

　"지금 완전히 새로운 거 배우는 거야? 어제도 했잖아!"

　"이게 대체 몇 번째야? 제대로 하는 게 뭐니?"

　"난 정말 공부만 하라면 진짜 열심히 하겠다!"

　이런 '방해의 조력자'로서 부모가 한 말은 아이의 머릿속에 이렇게 자리 잡힙니다.

　'나는 못하는 아이구나!'

　'나는 제대로 하는 것이 없구나!'

우리가 "너는 안 될 아이야"라는 말을 날 잡아서 해 주지 않았는데도, 아이는 평소 부모가 순간적으로 던진 말들로 자신을 규정합니다. 그냥 당장 홧김에 순간적으로 튀어나온 말실수치고는 그 여파가 상당합니다.

부모는 '가능성의 말'을 해야 한다

"여러분, 이렇게 배워도 적용은 어렵죠?"

"네!"

우리 부부가 커뮤니케이션, 리더십 등의 강의를 하면서 성인 학습자들에게 자주 하는 질문입니다. 경영자나 임원 같은 리더들은 리더십 과정을 들으면서 직원들의 변화 없음을 한탄합니다. 그런데 정작 리더십 과정을 듣고 실천하라고 하면 "에이, 현실이 어디 그런가? 그게 말처럼 쉽나!" 하며 발을 슬슬 뺍니다. 좀 전에 "아니, 시키는 대로 왜 못하는 거죠?"라고 직원들을 답답해하던 모습과 자기 모습을 전혀 연관시키지 못합니다. 자신을 이해하는 것만큼, 아니 반 정도라도 타인을 이해해 보려고 한다면, 우리는 훨씬 더 타인에게 너그러워지지 않을까요? 이심전심까지는 아니더라도 조금이라도 입장 바꿔서 생각해 본다면 말이지요.

아이와의 관계도 마찬가지입니다. 부모인 우리도 '말 한마디 잘 바꾸지 못하고 어려워하는데, 뭐 하나 배우고 바로 실천하고 알아듣기가 어디 그리 쉬운가?'라고 바라보면 딱 이해의 각이 나옵니다. 공부시키고 학원 보내면 아이가 다 쉽게 할 거라는 기대를 조금 내려놓고, 변화에는 시간이 필요하다는 마음을 가지는 게 좋습니다. 여기서 한 발짝 더 나아가서 "그래, 변화는 어렵지만 부모인 우리부터 달라지자"가 된다면, 진짜 최고의 리더, 최고의 부모일 겁니다.

그렇다면 아이의 지능을 최고치로 끌어올리는 유능한 조력자 부모들은 평소 어떤 말을 할까요? 바로 '가능성의 말'을 합니다. 지금 이 순간의 문제를 뛰어넘을 '가능성의 말'을 해 주는 것입니다.

"지난번에도 이렇게 어려운 게 있었는데 너 그거 했잖아. 기억해?"

"어느 부분이 어려운지 정확히 이야기해 주면, 그걸 제대로 가르쳐 줄 수 있거든. 어느 부분이야?"

"모른다는 건 다시 해 볼 수 있는 기회를 얻을 수 있다는 거야. 다시 해 보자."

자, 어떤 차이가 있는지 보이시나요? 아이의 지능을 키워 주는 말은 바로 '긍정', '가능성', '성취'의 말입니다. 반면에 아이의 지능을 깎아내리고 스스로 못한다고 생각하게 하는 부모의 말은 '부정 낙인찍기', '문제를 크게 보게 하기', '못하는 것에 머물러 있게 하기'입니다.

아이의 지능을 깎아내리는 말	
부정 낙인 찍기	"넌 맨날 그렇더라", "넌 맨날 이러더라." (행여 아이가 정말로 맨날 그렇더라도 낙인은 찍지 맙시다.)
문제를 크게 보게 하기	"너 큰일 났다. 이런 것도 헷갈리니?"
못하는 것에 머물러 있게 하기	"이렇게밖에 못하는 거야? 아휴, 정말 답답해."

유능한 조력자는 '진보 피드백'을 한다

사람들을 두 그룹으로 나눠, 각각 다른 피드백을 한 후 결과를 살펴본 흥미로운 실험이 있습니다. 한 그룹에는 달성해야 하는 업무의 남아 있는 부분을 강조해 피드백을 했습니다. "자! 아직 35% 남았습니다. 얼른얼른 하세요"라며 '과제형 피드백'을 한 것이죠. 또 다른 그룹에는 지금까지 성취한 것을 강조했습니다. 바로 '진보 피드백'입니다. "어, 벌써 65%나 했네요. 대단합니다!"

그런데 이 두 가지 피드백에 대한 실험자들의 반응은 달랐습니다. 단순한 말의 차이일 뿐인데, 과제형 피드백을 들은 집단은 "조금 쉬었다 합시다"와 같은 반응을 보인 반면, 진보 피드백을 들은 집단은 "조금만 더 하고 쉬겠습니다"라는 의지를 보였던 것입니다. 이처

부모의 말은 아이의 인생이 된다

럼 어떤 피드백을 받는지가 이어질 행보에 중대한 영향을 끼칩니다. 앞으로 해야 할 남아 있는 과제를 강조한 것보다 얼마나 했느냐를 강조했을 때 사람은 의욕을 갖는 것이죠.

성과를 인정받으니 동기가 생겨나고, 동기가 생겨나니 자기 능력을 최대한 끌어올려서 결과를 만들어 내고 싶어집니다. 이런 원리를 부모가 아이들에게 하는 피드백에 적용하면 어떨까요? 아이가 자기 지능의 최고치를 발휘하게 하고 자기 잠재력을 한껏 펼칠 수 있게 하려면, 깎아내리는 피드백이 아닌 격려하는 피드백을 해야 합니다. 아이가 잘해 왔던 것을 상기시켜 주고, "그래도 이만큼이나 이해했네", 7문제에서 3문제를 틀렸다 할지라도 "4문제는 너무 잘 풀었어"라는 진보 피드백을 해 줄 수 있습니다. 물론 이런 상황에서 부모가 얼마나 순간 감정을 잘 다스려야 하는지 모르지 않습니다. 그러나 이를 꽉 물고 '내 피드백이 아이의 공부를 결정한다!'라는 생각으로 실천해 보기로 해요.

옛 어른들은 허약해진 아이를 보면, 특히 행동이 굼뜨고 둔한 아이를 보면 으레 한약방에 가서 '총명탕'이라는 보약을 지어 오곤 했습니다. 하지만 정말로 아이를 자라게 하는 것은 아이를 향한 어른의 정성과 사랑이 아닐까 생각해 봅니다. 아이의 지능 역시 아이의 잠재력을 믿고 부모가 총명탕을 주는 마음으로 따뜻한 말을 건넬 때, 그리고 아이가 그 말의 에너지를 받을 때 놀랍게 성장할 수 있습니다.

아이의 공부를 성장시키는
부모의 말

"엄마, 나 100점 맞았어!"

큰아이가 받아쓰기 100점을 맞았다며 기뻐하던 순간을 지금도 잊을 수 없습니다. 그러나 그 이후 솔직히 말씀드리면 우리 부부가 아이들의 '자기주도 학습' 습관을 만들어 가면서 살짝 아쉽게 느끼는 점이 있었습니다. 그것은 바로 아이들이 아슬아슬하게 100점을 맞지 못하는 경우가 많았다는 것인데요. 부모 마음은 다 같습니다. 옆집 아이는 100점을 맞았다고 하는데, 우리 아이만 95점, 90점, 80점을 받아오면 뭐가 부족한 건가 싶어서 틀리는 몇 점에 신경이 더 쓰입니다.

'왜 매일 공부 습관대로 꾸준히 하는데, 저렇게 아슬아슬하게 틀릴까?' 하고 좀 오랫동안 고민한 적이 있습니다. (사실 지금은 아이

부모의 말은 아이의 인생이 된다

가 중학생, 고등학생이 되다 보니 그리 심각하게 고민할 문제도 아니었다는 생각이 듭니다.) 그러나 공부는 무조건 멀리 보고 접근해야 한다는 평소의 지론을 그 순간 떠올리며 다시 마음을 고쳐먹고, 당장의 점수보다는 성실하게 해내는 아이들의 모습에 초점을 맞췄습니다. 그러고 보면 아이에 대한 부모의 관심과 지도는 부모 스스로와의 싸움이기도 하다는 생각이 자주 듭니다.

그래서일까요? 늘 조금씩 틀리며 아슬아슬하게 100점을 비껴가던 큰아이는 초등 고학년 때부터 100점을 맞는 일이 많아졌습니다. 중학교에 올라가서는 중간고사나 기말고사에서 100점을 맞는 일이 더욱 빈번해졌습니다. 저학년 때보다는 고학년이 될수록 고득점의 빈도가 높아지고, 공부에 자신감이 붙는 것 같아 부모로서 지켜보는 마음이 뿌듯했습니다.

아이가 스스로 뿌듯한 결과를 낼 수 있었던 까닭을 생각해 보면 아이의 마음과 부모의 역할이 어떤지 보이는 것 같습니다. 시험에 임하는 아이의 마음은 어떨까요? 깊이 생각해 볼 것도 없이 아이도 시험에서 100점을 맞고 싶어 합니다. 그런데 부모가 그 마음을 몰라 줄 때가 많습니다. 아이도 시험을 잘 봐서 동그라미가 가득한 시험지를 부모에게 내밀어 칭찬받고 싶어 합니다. 그런데 부모는 그런 아이의 마음을 알아주지 않고, 시험 결과에만 집중해 점수를 가지고 짜증을 내거나 못마땅해하는 경우가 많습니다. 사실 시험을 못 봤을 때 가장 속상한 건 아이일 텐데, 부모는 아이가 잘못한 것을 찾아 속상한 아이의 마음에 불을 지핍니다.

"너, 또 문제 대충 읽었지? 엄마가 문제를 꼼꼼하게 끝까지 읽으라고 몇 번 말했어?", "이건 엄마랑 풀어 봤던 문제잖아! 그런데 틀린 거야?", "제발 한 번씩 더 체크해 보라고 했지. 맨날 공부하면 뭐하니? 이렇게 실수나 하는데……"의 말이 튀어나옵니다.

이런 말이 하등 도움이 되지 않는다는 것을 모르지 않지만, 그 순간 아이만큼이나 속상한 부모 마음이 작동해 버리는 것이지요. 그래서 자녀와의 관계에도 '건강한 경계선'이 필요하다고 하는지 모르겠습니다.

어떤 일에 강박이 생기면 불안해지고, 불안해지면 문제를 해결해야 하는 대뇌 피질보다는 감정을 관장하는 변연계가 활성화되어 대뇌 피질의 활동을 방해합니다. 그러면 최상의 컨디션으로 문제에 집중해야 하는 상황에서 실수를 반복하고 머리가 백지처럼 하얘지는 경험을 하게 됩니다. 그래서인지 늘 결정적 순간에 평소 실력보다 못하는 사람들을 종종 봅니다.

뇌는 불안해지면 복잡한 사고를 하지 못하고 불안 요소에만 집중하기 때문이죠. 그러다 보면 문제를 잘 풀다가도 불안감이 스멀스멀 올라와 좀 전에 풀었던 문제의 답을 의심해서 되새김질합니다. '아까 그 문제, 제대로 푼 건가?' 하는 불안감과 혼란으로 집중력은 더욱 떨어지는 것이죠.

이런 경험은 사실 아이들만 겪는 것은 아니어서 우리 부부는 아이들의 성적 하나하나에 일희일비하지 않기로 진짜 굳게 다짐하며, 결국 스스로 해냈다고 느낄 수 있는 '성장'에 초점을 맞추기로 했습니다. 부모의 말 한마디, 대응 하나하나가 아이들에게 엉뚱한 불안을 더해 줄 수도 있기 때문입니다. 그래서 시험 점수에 대한 피드백을 할 때 2가지 원칙을 세웠습니다.

시험 피드백 원칙 1, '과정 중심의 피드백'을 한다

학구열이 높고 과열된 경쟁 사회에서 살아가는 우리에게 인원이 많든 적든 등수나 점수는 매우 민감한 요소입니다. 순식간에 뇌리에 박히면서 아이가 어느 그룹에 속하는지 따지게 되니 아이가 학교에서 받아오는 점수는 정말 중요합니다. 아마 대부분의 부모가 이런 상황을 경험했을 거라고 생각합니다.

아이가 너무 신나서 "엄마, 아빠, 나 100점 맞았어!"라고 소리치며 들어옵니다. 신나 하는 아이만큼이나 부모도 흥분한 목소리로 묻지요.

"정말 애썼다. 그런데 몇 명이나 100점 맞았어?"

"어, 19명."

아니, 22명 중에 19명이 100점이라니! 좋았던 감정이 금세 힘

없이 가라앉으면서, 밝았던 부모의 표정에 아리송한 그늘이 드리워집니다. 그러면 아이의 표정도 따라서 어두워지는데요. 아이는 금방 사태를 파악하고, "왜? 못한 거야?"라고 믿기지 않는 듯 말합니다.

우리 부부도 이런 일을 경험하면서 반성을 많이 했습니다. 그런데 학창 시절 줄곧 당해온 상대평가와 비교의식에서 벗어나는 일은 쉽지 않았습니다. 그래서 말 그대로 '죽어라 노력하자!'라는 마음을 가지면서 조금씩 변화할 수 있었습니다. 어느 날 둘째 아이가 정말 열심히 공부한 후 학교에서 단원평가를 봤는데, 80점을 맞고 힘없이 들어왔습니다. 열심히 준비했고 노력했는데 80점을 맞았다는 것이 속상했는지 풀이 많이 죽어 있었습니다.

그런 아이에게 그동안 죽어라 노력한 것을 일깨워 주는 피드백(과정 중심의 피드백)을 실천해 봤습니다.

"노력했는데도 100점이 안 나와 속상하구나. 그럴 수 있어. 당연해. 그런데 엄마, 아빠는 네가 노력한 것을 봤기 때문에 칭찬해 주고 싶어. 너도 너를 좀 칭찬해 주면 어떨까?"

그 피드백으로 '결과보다는 모든 과정을 통해 내가 성장하는 것이 중요해'라는 사실이 아이 마음에 새겨지길 바라면서요. 사실 인생이라는 것이 올라가고 내려감의 연속이기에 그 과정에서 스스로 어떻게 동기를 찾고 실행하느냐가 훨씬 중요합니다. 내 아이가 지금 넘어진 것 때문에 자기 인생을 포기하지 않기를 바란다면, 어쩌면 '과정 중심 피드백'은 그리 어려운 일이 아닐 겁니다.

부모의 말은 아이의 인생이 된다

시험 피드백 원칙 2,
'독이 되는 피드백'을 피한다

일반적으로 부모들은 아이들이 문제를 늦게 푸는 것보다는 척척 빨리 푸는 것을 선호합니다. 우리 역시 학창 시절을 뒤돌아보면 시험 볼 때 빨리 풀고 나가는 친구들을 "와~" 하고 부러워했던 기억이 있습니다. 그런데 이렇게 '빨리 푸는 것이 곧 실력'이라는 인식을 갖게 되면 생각지도 못한 결과가 나올 수도 있습니다. 시험 시간은 모두에게 50분이 주어지는데, 그 50분 동안에 빨리 풀고 나가는 것이 습관이 된 아이와 50분을 최대한 활용해서 점검을 마치고 나가는 아이 중 누구의 결과가 더 좋을까요? 당연히 점검까지 마치고 확실하게 마무리하는 아이의 점수가 더 높습니다. 따라서 시험 시간에 무조건 문제를 빨리 풀고 나가는 것보다 '시험 시간을 잘 활용하는 습관'을 길러 주는 것이 중요합니다.

시험 시간에 자기 페이스대로 끝까지 문제를 풀고 확인하면서 종이 칠 때까지 남아 있던 친구가 있었습니다. 그 친구에게는 문제 검토 두 번, 답안지 검토 두 번이라는 습관이 있었습니다. 즉, 확신이 들 때까지 문제를 검토하는 습관이 있었는데 늘 상위권 성적을 유지했죠. 따라서 부모님들이 집에서 아이가 문제를 풀 때 "빨리 풀어!", "뭐가 어렵다고 그렇게 붙잡고 있어?" 등의 피드백보다는 "맞는 것을 찾는 문제인지, 틀린 것을 찾는 문제인지 잘 확인하고 검토해서 푸는 게 중요해!" 같은 피드백을 통해 검수 습관을 길러 주는 것이 중요합니다.

동시에 뒷북 치기 피드백은 피하는 것이 좋습니다. 아이의 시험 성적이 엉망으로 나오거나, 결과가 예상보다 낮을 때 집안 분위기는 그야말로 먹구름이 잔뜩 낀 날 같습니다. 이런 초상집 분위기를 경험한 아이들은 '시험' 자체를 어떻게 생각할까요?

'나 때문에 우리 집 분위기 이거 어쩔 거야? 다음에는 정신 차리고 열심히 하겠어!'라고 결심할까요? 그런 아이는 아마 몇 안 될 듯싶습니다. 그런 아이가 있다면 정말 크게 될 아이입니다.

대부분의 아이들은 본인의 낮은 시험 점수 때문에 가라앉은 집안 분위기에 눌려, 시험 자체에 괴롭고 힘든 인식을 갖게 되어 공부와 점점 더 담을 쌓을 확률이 높습니다. 초등 때부터 그런 경험을 한다면 정말 중요한 중학교, 고등학교 시기가 더 힘들어집니다. 따라서 시험 성적이 좋지 않더라도 그것에 대해 아이에게 뒷북 치기 피드백을 하는 것은 반드시 피해야 합니다. 오히려 시험 보느라 수고한 점을 인정해 주고, 앞으로 있을 시험에 대해 아이와 대화하는 것이 중요합니다. 다음 시험에서 노력한 과정이 좋은 결과로 잘 나오게 하려면 부모는 어떤 것을 도와줘야 하는지, 또 아이 본인은 어떤 점을 더 준비해야 하는지 정리하고, 실제로 그렇게 할 수 있도록 격려하고 같이 노력하는 것이 중요합니다.

예를 들어, 아이가 "아빠. 아무래도 시험 보기 일주일 전에는 게임을 하지 않고, 공부 시간을 좀 더 늘려야겠어요"라고 말한다면, 그 것을 구체적으로 언제부터 어떻게 할지 정확히 적어 두는 게 좋습 니다.

"그래. 다음 시험은 4주 뒤에 있으니 9월 20일부터는 정말 게임 을 반으로 줄이고, 공부를 더 하자"라는 식으로 말이죠. 그렇게 아이 와 합의가 됐다면 아이와의 메신저 대화창에 남겨서 근거를 남겨 놓 는 것이 좋습니다. 그리고 9월 20일이 됐을 때 아이에게 카톡 대화 창을 보여 주며 공부 계획을 세우고 실제로 실천할 수 있도록 돕는 다면 아이도 훨씬 높은 수용성을 보이며 따라갈 것입니다. 아이도 자신이 말한 것은 지키고 싶기 때문입니다. 이렇게 부모님의 피드백 기술이 바뀌면 아이가 스스로 페이스를 찾아가는 것을 느끼시게 될 겁니다.

알고 대화해야
성적이 오르는 이 '숫자'

아이의 공부를 봐 주면서 간혹 '우리 아이가 지금 잘하고 있는 건가?'라는 의구심이 들 때가 있습니다. 대한민국 사회에서 학업 걱정은 어느 부모나 늘 가지기 마련입니다. 이러한 때 나름의 기준으로 아이의 성취도 및 자기주도 학습의 역량을 측정해 볼 방법이 있습니다. 바로 이 '숫자'를 알아두는 것인데, 그것은 아이가 일주일에 어느 정도의 시간을 투자해 공부하고 있는가입니다.

많은 부모가 아이들이 무조건 많은 시간을 공부에 투자하면 좋겠다고 막연히 생각합니다. 하지만 아이들에게 공부란 어른들이 회사에서 하는 업무와 같은 강도를 지닌 일이라고 봐야 하니, 무조건 공부를 많이 하는 것이 좋다라고 생각하는 것은 장기적인 관점에서는 바람직하지 않습니다. 그보다는 아이가 자기 통제력과 조절력을 가

부모의 말은 아이의 인생이 된다

지고 매일 적절한 양을 할 수 있는지를 판단해야 합니다.

아이가 얼마나 공부에 시간을 쓰는지 알아두면 아이의 학습 능력을 키우는 데 이런 점들이 좋습니다.

첫째, 아이의 학습 시간을 알면 적절한 계획을 세울 수 있습니다.

예를 들어 30분이나 1시간 내 우리 아이가 교재를 얼마나 풀 수 있는지 파악하고 있다면, 그 진도에 맞게 학습 계획을 세울 수 있습니다.

둘째, 인강 등 (학업을 보충하기 위한) 학습 도구를 효과적으로 활용할 수 있습니다.

우리 집에서는 세 아이 모두 초등학교 때는 인강을 보면서 스스로 시간을 관리해 학업을 보충합니다. 따로 학원에 다니지 않아도, 학교 수업과 보충을 위한 인강, 그리고 교재만으로 다들 우등생입니다. 첫째, 둘째 아이들은 중학교에 가서도 그 원칙대로 하고 있는데, 주변 친구들이 인강으로도 우수한 성적을 내는 아이들을 쫓아서 인강을 많이 시도했지만, 다들 시간 배분 문제 등으로 잘 적응하지 못하고 포기하는 사례가 꽤 있었습니다. 자기 학습 시간을 알고 학습량을 배정하는 것은 인강 등의 학습 도구를 효과적으로 쓸 수 있는 좋은 기반이 됩니다.

마지막으로 '마감의 쾌감'을 누릴 수 있다는 점입니다.

회사에서 일을 마치고 퇴근하려는데, 상사가 카톡으로 내일 아침까지 제안서를 다 해 놓으라고 하면 기분이 어떨까요? 그래서 퇴근

후에는 아예 카톡을 열어 보지 않기도 합니다. 일이 끝나지 않는 상황에 대한 두려움과 답답함 때문이죠. 그래서 실제 직장인들 대상 인터뷰에서 퇴근 시간 즈음에 일을 주는 상사를 최악의 상사로 뽑기도 했습니다. 그 이유는 명확합니다. 끝이 없기 때문입니다. 끝이 없으니 뭘 해도 개운하지 않습니다. 열심히 일을 마무리하고 퇴근했는데도 또 부여되는 과제 때문에 친구들과 치맥을 해도 기분이 홀가분하지 않죠.

이런 관점에서 아이가 하루에 어느 정도 공부를 소화할 수 있는지 제대로 모른 채 아이를 대하면 말도 곱게 나가지 않습니다. "너 또 놀아? 뭘 했다고 벌써 게임이야?", "숙제는 다 했어?"라는 식으로 쏘아붙이게 되죠. 뭘 기준으로 봐야 할지 모를 때는 부모들도 생각나는 대로 말하고, 아이도 공부하면서 억울해집니다. 나름의 쉬는 시간을 누리는 것이지만 개운하지 않습니다.

서로 이런 차이로 실랑이를 벌이던 시기에 우리 집 세 아이 중 한 명은 교재를 대충 해치우고는 게임을 하다가 들키니 정말 짜증 나는 표정을 지었습니다. 자기도 개운하지 않고 상황이 짜증 났던 거지요. 즉, 마감의 기준이 있어야 성취감을 느낄 수 있습니다.

가수 윤상이 부른 노래 '달리기'에는 이런 가사가 있습니다. '지겨운가요? 힘든가요? …… 그러나 단 한 가지 약속은 틀림없이 끝이 있다는 것'이라는 부분이 가슴에 콕 남는 것은 우리 모두 이 약속으로 사는 게 아닌가 싶어서입니다. 그 매일의 마감과 성취의 기쁨이 아이들에게도 필요합니다. 초등학교 때부터 매일 밤 10시까지 학원에서 시간을 보냈는데 집에 와서도 다시 밤 늦게까지 숙제를 해야 한다면 그런 마감의 쾌감, 성취감을 느껴 볼 수 있을까요?

잘하면 공부 시간이 늘어난다?

아이가 제법 공부를 따라오면 부모는 '이것 봐라, 천재가 아닐까?' 하는 생각을 하면서 칭찬과 더불어 공부의 양을 늘립니다. 아이가 잘 소화하니 충분히 더 할 수 있겠다는 것이 부모들의 공통적인 생각입니다. 조직에서도 일을 잘하는 사람에게 일이 몰리는 경향이 있어서 오히려 최근 젊은 친구들은 일을 너무 잘하지 말자는 자조가 담긴 조언들을 서로 하기도 합니다. 일을 못하면 회사에서 포기하고 놔두는데, 잘하면 오히려 일이 더 배가된다는 것이지요. 잘하는 것이 곧 학습의 양을 늘리는 계기가 되어서는 안 됩니다.

우리 부부도 세 아이를 키우면서 이런 경험을 했습니다. 아이가 잘 따라오니 유치원 때부터 '더 오래 할 수 있겠는데?'라는 생각에 밀어붙였고, 그 결과 아이가 참 힘들어했습니다. 다행히 우리 부부의 신념 중 하나가 '아이들의 신호'에 민감하자는 것이어서 힘들다는 아이의 신호에 맞춰 나름 조절을 했습니다. 그런데 그 후 주변을 둘러보니 우리처럼 '아차' 하는 부모들이 적지 않아서 놀랐습니다.

아이를 위해 마감의 기쁨, 성취의 기쁨을 먼저 생각하라고 조언하고 싶습니다. 물론 아이가 간혹 "엄마, 아빠! 나 수학이 너무 좋아! 더 풀어도 되지?"라고 하는 경우는 당연히 예외입니다.

아이 나이별 적절한 공부 시간

그렇다면 아이에게 적합한 공부 시간, '이 정도 하면 마감의 원리와 성취, 홀가분한 기쁨을 느낄 수 있다'는 나름의 기준이 있을까요? 다 다르겠지만, 우리는 유치원, 초등학교 때는 나름의 법칙을 가지고 적용했습니다. '학년 × 30분'을 기준으로 하고, 여기에서 조금 더 잘하는 아이에게는 플러스알파, 버거워하는 아이에게는 마이너스알파를 적용하기도 했습니다. 하지만 이 시간 기준을 크게 벗어나지는 않으려 했죠. 2학년이면 1시간 정도, 3학년 때는 1시간 30분을 기준으로 잡고 학습 계획을 짰습니다. 지금 초등 고학년인 아들은 2시간 30분 정도 인강을 보고 교재를 풉니다.

공부 정서가 나쁘지 않고 나름 자기주도 학습이 되는 초등 고학년생들은 이 시간을 자주 초과하기도 합니다. 반에서 회장을 맡았던 둘째 아들은 초등 6학년때는 학교 수업 외에도 스스로 발표를 준비하기 위해 기꺼이 시간을 초과하기도 했으니, 사실 이것이 가장 바람직한 현상이 아닐까 싶습니다.

다만, 이 아이가 초등 고학년 때 이렇게 될 수 있었던 것은 우리가 욕심내지 않고 이 시간의 원리를 저학년 때부터 잘 적용한 결과라고 생각합니다. 아무래도 첫아이를 키울 때보다는 둘째와 셋째에게 훨씬 유연하게 잘 적용했기 때문이겠지요.

또 하나, 공부 시간을 정할 때는 아이와 대화를 통해서 진행합니다.

"인강을 보고 교재를 푸는 데 1시간 30분 정도 걸리거든. 어때? 시간이 적당한 것 같니?"라고 합의를 위한 질문을 하는 것도 좋습니다. 이런 합의 자체가 학습의 주체로 존중받는 느낌과 더불어 스스로 공부 계획을 세운다는 느낌을 줍니다.

이렇게 대화를 통해 진행하다 보면, 아이들이 처음에는 괜찮다고 합의한 후에도 실제로 풀어 보면 문제 난도가 있어서 1시간 30분을 훌쩍 초과하니 교재 범위를 줄여 달라고 요구하기도 합니다. 이때 사실 '이 정도는 해야 하지 않아?'라는 말이 살짝 올라오려 하지만, 아이가 나름 교재와 씨름을 하고 고민한 결과임을 인정해 줍니다. 이런 절차가 중요한 이유는 따로 있습니다.

학습 자율성을 위한
'질문하며 이끌기'

우리나라 대학교에서 실시했던 실험으로, 이름하여 '자율성 지지 중재 프로그램'이 있었는데, 이 실험은 학생 158명과 교사 21명을 배정해, '자율성 지지'를 적용한 교사 반 아이들과 그렇지 않은 반 아이들의 참여 만족도 및 참여 수준을 비교한 실험이었습니다. 이 실험에서 아이들이 교사가 제시하는 프로그램에 '재미없다', '지루하다'라는 반응을 보일 때 교사가 "그래? 그럼 어떻게 하면 지루하지 않고 재미있게 할 수 있을까?"라는 질문을 던져 아이들을 참여하게 했더니 그렇게 하지 않은 반 아이들보다 자율성과 만족도가 올라가는 결과가 나왔습니다. 물론 이런 결과가 아니어도 부모가 아이의 의견을 존중하고 반영할 때 아이가 훨씬 만족해한다는 것은 우리 경험으로도 알 수 있는 부분입니다. 우리도 학창 시절 모두가 졸고 있어도 꼿꼿하게 할 말을 이어가던 선생님보다는, 아이들이 어떻게 하면 스스로 참여하도록 할지 궁리하며 웃겨도 보고 질문도 던졌던 선생님에 대한 기억이 훨씬 선명하니 만족도를 넘어 머리에 남는 효과도 있는 듯합니다.

그렇지만 현실에서는 아이를 믿어 주고 자율적 선택을 하도록 하기보다는 부모의 통제 아래 공부하도록 하는 일이 훨씬 많습니다. 그러다 보니 부모의 잦은 약속 불이행(아이의 의견을 받아주겠다고 하

부모의 말은 아이의 인생이 된다

고서는 결국 부모 마음대로 하는 일)이 일어납니다. 결국 아이에게 질문하는 것이 하나의 형식으로만 그치게 되니 이 점도 간과해서는 안 됩니다. 우리 부부도 그렇게 뜻대로 하고 싶은 욕망이 늘 올라오곤 했습니다.

"과연 그렇게 해서 나중에 공부를 잘 따라잡을 수 있겠니?"[미래를 담보로 겁주기]

"지금까지도 그렇게 안 했는데, 양을 줄여 주면 더 안 하는 거 아냐?"[과거의 문제를 매번 문제 삼기]

"에이, 네가? 엄마는 믿을 수 없어. 일단 아빠가 하라는 대로 해. 그렇게 하다가 나아지면 네 말 들어줄게."[담보형 존중]

이런 말 외에 우리 부부도 '아이고, 네 수준을 알고 요구해라!'라는 말이 툭툭 튀어나오려고 한 적이 꽤 있었으니까요. '못하면 더 열심히 할 생각을 해야지'라는 판단의 말도 속에서 꾸물거립니다.

학습에 대해서는 정말 아이의 수준, 생각을 고려해 시간도 조정하고 방법도 바꾸는 것이 장기적으로 '공부의 구멍'을 막는 길이라 생각합니다. 여기서 공부의 구멍이란 공부도 하는 듯하고 학원도 다니는데 아이가 공부에 잘 몰입하지 못하고 성적이 오르지 않는 것이라 할 수 있습니다. 이러한 공부 구멍은 위와 같은 상황에서 점점 커지면서 밑 빠진 독에 물 붓기가 됩니다. 이렇게 되는 원인에는 잘 모르는데도 진도에 맞춰서 대충하는 상황, 따라가기 힘들다고, 어렵다고 말해도 그냥 밀어붙이는 학원, 혼내는 학부모 등의 이유가 있습니다.

그 결과 아이는 '말해서 뭐 해?'라는 결론에 다다르고 정석을 피해 편법까지도 쓰게 되죠. 실제로 지인 아이가 학원 숙제가 많다고 불만을 제기하는 것을 부모가 "그럼 어떻게 하니? 잘하려면 따라가야지"라고 짧게 대답해 줬는데, 아이가 그 숙제의 정답을 알려 주는 앱을 찾아서 답을 쓰고 숙제를 제출했다는 사실을 나중에 알게 된 것입니다. 정말 돈은 돈대로 내고 공부에 큰 구멍이 생긴 사건이었습니다. 이렇게 되면 부모는 '어떻게 벌어서 보낸 학원인데'라는 생각으로 섭섭한 마음에 아이에 대한 노여움이 잘 풀리지 않게 됩니다. 그로 인해 아이와의 관계는 서먹해지고, 아이는 버거운 공부와 부모에 대한 죄책감으로 마음이 점점 더 무거워집니다. 그래서 초등 시기에는 공부에 관해서 '참고 버텨라'라고 하기보다는 공부의 좋은 정서(이 정도는 할 수 있어)를 잡아 주는 것이 필요합니다.

"양이 많다고 생각하는구나? 네가 공부한 과정을 구체적으로 이야기해 줄 수 있겠니?" [진지하게 듣기]

"그랬구나, 분수 문제가 특히 어려워서 시간이 많이 들었구나. 그렇게 어려운 문제를 파고들 수 있다니 정말 대단하다. 그 점을 먼저 칭찬해 주고 싶어!" [노력을 칭찬해 주기]

"그럼 어느 정도 양을 줄이면 네가 약속한 시간 안에 마칠 수 있을 것 같아?"

부모의 말은 아이의 인생이 된다

"좋아. 그러면 4페이지인데 3페이지로 하자! 어때?" [합의]

이때 간혹 아이들이 무리하게 분량을 반이나 줄이려 하는 등 학습 분량을 많이 조정하려고 할 때가 있습니다. 그럴 때 우리는 이런 대화를 했습니다.

"지금 4페이지인데, 절반인 2페이지로? 음, 이건 조금 생각해 보자. 네가 오늘 너무 힘든 문제로 신경을 써서 확 줄이고 싶을 수 있을 것 같아. 충분히 그럴 수 있어." [의도를 좋게 바꿔서 생각해 주기]

"그래서 4페이지에서 바로 반으로 줄이기보다는, 그런 어려운 문제와 씨름할 수 있을 정도의 너라면 1페이지 정도만 줄이는 것으로도 충분할 것 같아. 어때? 그래. 그럼 해 보고 또 이야기하자."

이 대화는 우리 부부가 실제 아이의 공부 선택권을 놓고 나눈 내용입니다. "너 꾀 쓰지 마!", "또또, 그런다"라는 말이 나오려고 할 때, 잠깐 그 말을 삼키고 아이의 의도를 좋게 해석해 주세요. 아이는 아직 자라고 있으므로, 앞의 대화에서와 같은 피드백을 받으면 설사 정말 꾀를 쓴 것이었다 해도 스스로 '내가 오늘만 신경을 많이 써서 많이 줄이고 싶은 거였구나'라고 좋은 의도로 정리하는 기회가 될 겁니다.

화내지 않고도
아이의 집중력을 높이는 말

"웬만큼 소리를 지르지 않으면 말을 듣지 않아!"

남자아이만 둘을 키우는 친구가 해 준 이야기입니다. "점점 목소리만 커져!", "그러다 보니 애들이 이제 웬만한 소리엔 꿈쩍도 하지 않아!"라고 푸념합니다.

화는 내면 낼수록 점점 더 강도가 세집니다. 심리학적 관점에서 화를 내는 이유는 스스로 안정감을 찾기 위해서입니다. 부모가 아이들을 빠르게 제압하고 통제하려는 마음, 즉 아이를 빨리 바꾸려는 의도에서 비롯되는데, 결국 부모의 안정감 회복이 목적이죠.

의도는 이렇지만 현실은 녹록지 않습니다. 안정감을 위해 빨리 화내고 통제하려는 방향은 엉뚱하게도 아이들이 부모의 화에 적응하게 만들어 버립니다. 부모가 왜 화를 내는지 납득하기 전에 '그만

부모의 말은 아이의 인생이 된다

해!"라는 화만 발산하면, 자신들이 왜 멈춰야 하는지 모른 채 화만 받아들여서, 그 화는 결국 반복되고 강도가 세집니다. 더욱이 화는 부모의 성향, 즉 개인의 성향에 따라 주관적 감정을 동반하는데요, 화는 주관적 느낌이다 보니 성향에 따라서는 점점 더 세지고 폭발 직전까지 가게 되지요. 이렇게 주관적 감정을 담은 잔소리나 피드백을 아이가 들을 리 만무합니다.

주관적 잔소리가 아닌 '객관적 피드백 시스템'

아이가 숙제한다고 책상에 앉는가 했는데, 어느새 꾸벅꾸벅 졸고 있었습니다. 급하지 않다면 잠깐 낮잠을 자게 할 수도 있지만, 공부만 하면 먼저 졸고 보는 우리 아이 특성상 매번 그렇게 하는 것이 오히려 좋지 않은 습관을 만드는 것 같았습니다. 그때 아빠가 색다른 제안을 했습니다.

"아이고, 우리 아들이 너무 졸리구나. 어제 늦게 자지도 않았는데 졸리네. 잠을 깨기 위해 몸을 움직여 보는 건 어떨까?"

눈이 풀린 아이는 너무 집중이 안 된다고 말했고, 아빠는 거실 한쪽에 매트를 깔고 아이와 같이 스트레칭과 팔 굽혀 펴기를 했습니다. 처음엔 시큰둥하던 아들도 아빠가 적극적으로 주도하자 같이 빠

져들었지요. 이 일은 우리가 아이들에게 주관적 잔소리를 하는 대신 객관적 피드백 시스템을 만들게 된 계기가 되었습니다. 사실 엄마는 "어제도 졸린다고 하더니 또 졸린다고 하면 어떻게 하니? 일어나서 씻고 와. 왜 맨날 공부할 때만 졸려?"라는 주관적 잔소리를 하는 성향이다 보니, 이 상황이 웃기기도 했지만 가만히 지켜보니 꽤 괜찮은 방법이었습니다.

부모도 "넌 맨날 그렇더라"라는 주관적 판단을 섞지 않으니 그런 상황을 가지고 단순하게 말하는 효과가 있었습니다. 아이도 스스로 괜한 판단에 '나는 늘 그런 사람이다'라며 자존감을 깎아내리는 일도 줄어들었고요. 그 이후로 우리는 아이들이 공부나 숙제 중에 딴 짓을 하거나 분명히 풀었던 쉬운 문제인데 계속 틀려 오면 "대체 몇 번 말해야 하니?"라는 주관적 피드백을 접어 두고 "헷갈리니? 집중이 안 되나 보다. 매트에서 폴짝 뛰고 와"라고 했지요.

그 결과는 어땠을까요? 정말 아이들도 상황을 '단순'하게 받아들이고 행동이 개선되었습니다. 더 이상 "엄마는 공부 가르칠 땐 눈이 올라가!", "아빠는 나만 미워해!" 같은 감정이 아이들에게 섞이지 않게 되었습니다. 이제 중학생, 고등학생인 두 아이들은 이 시스템을 더 잘 따라옵니다.

최근 큰아이가 체육에서 수행평가를 해야 하는 일이 있었습니다. 아이는 수행평가 과제인 윗몸 말아 올리기를 너무 어려워했고, 도마 위 생선마냥 파닥파닥거리기만 했습니다. 그래서 아이가 집중하지 못하거나 동일한 문제를 자꾸 틀릴 때 윗몸 말아 올리기를 연습할 수 있도록 도왔습니다. 아이들 수행평가 과제에 따라, 팔 굽혀 펴기, 철봉에 매달리기 등을 시키면 아이들도 훨씬 잘 수용하고 나름 즐겁게 합니다.

심리학에도 몰입이 되지 않을 때 기분 전환을 위해 몸을 움직이라는 처방이 있듯이, 아이들에게도 몸을 깨워 정신을 깨우는 효과를 가르치는 것이지요. 우리가 이런 방법을 쓰고 있다고 하자, 주변에서 "오, 잔소리하지 말고, 합의된 약속에 따르고, 아이들이 몰입하지 못하거나 문제를 자주 틀릴 땐 몸을 움직이는 게 좋다고?"라고 감탄하며 적용하는 사례들도 생겼습니다.

이 방법이 과연 훈육이 되느냐 하는 의구심이 들 수도 있는데요. 물론 우리 부부도 이것으로 해야 하는 모든 말을 대신하지는 않습니다. 필요할 때는 아이를 붙잡고 이야기를 나누기도 하고 진지하게 조언하기도 하죠. 이것은 아이들과 함께 보내면서 쓰는 방법 중 하나일 뿐입니다.

아이들에게 훈육을 하거나 공부 이야기를 할 때, 부모들은 아이들에게 긴장하는 표정, 각성하는 표정만을 너무 기대하는 것 같다는 생각도 듭니다. 사실 우리도 아이들이 어릴 때 훈육을 시작했는데, 훈육하면서 아이들과 함께 배꼽 잡고 서로 낄낄댈 때도 있었습니다. 그런데 공부하면서 재미있으면 안 되는 건가요? 집중을 위해 몸을 움직이면서 서로 추억이 될 상황에서 자지러지게 웃으면 안 되는 걸까요? 경험해 보니 그런 과정을 통해 아이들은 훨씬 객관적으로 상황을 받아들였고, 나중에 자연스럽게 하나의 시스템으로 받아들이면서 장난스러운 형태는 사라졌습니다. 그러나 가끔은 어릴 적 몰입을 위해 몸을 움직일 때 서로 키득키득 웃던 그 시간이 그리워지기도 합니다.

공부의 순간은 아주 즐거워도 됩니다. 그 끝에 "재밌었어? 몸 움직이면서 재미있었다면 어느 정도 정신도 맑아졌을 거야. 뇌는 웃는 걸 좋아하거든. 이제 다시 집중해 보자" 정도의 말을 해 주면 충분합니다.

화나는 상황에는 '이성적 말하기'

"앉아. 왜 이래, 정말?"

식당에서 뛰어다니는 아이의 팔을 끌어당기며, 당황스럽다는 듯이 엄마가 한마디합니다. 엄마의 말은 아랑곳없이 아이는 엉덩이는 의자에 살짝 걸쳐 있고 발은 다시 저만치 나갈 준비를 합니다. 아이는 "왜 이래, 정말?"이라는 부모의 말에 충분히 납득해 앉아 있어야겠다고 생각할까요? 이 말을 이렇게 바꿔 보면 어떨까요?

"○○야, 식당에서 뛰면 다른 손님들에게 방해되고, 음식에 먼지도 들어가. 밥 먹을 땐 앉자."

이것이 '이성적 말하기'입니다.

아이의 국어 시험 점수가 낮습니다. 이때도 이성적 말하기로 하면 서로 감정이 상하지 않습니다.

"국어 점수가 60점이네? 어떤 부분이 어려웠는지 다시 체크해 보자."

이성적 피드백은 객관적으로 상황을 알리고, 방향성을 제시하는 것입니다. 주관적 피드백, 감정적 피드백으로 아이에게 "몇 점 받았다고? 너 학원도 다니면서 그러면 어쩌려고 그러니?"라고 말할 수도 있지만, 그것은 결국 '나는 이렇게 해도 안 되는 사람'이라는 낙인이 될 뿐이니 아이의 학습을 위해서 꾹꾹 삼키시라고 권합니다.

학원을 보내는데도 점수가 좋지 않다는 것은 부모가 아이와 함께 상의할 일입니다(더 합리적 방법을 찾아봐야 하는 상황). 그런데 그 문제를 다 아이의 책임으로 돌리면 아이는 괜한 죄책감(나는 우리 집의 골칫거리, 돈 먹는 하마)이 들고 나아가 '이렇게 해도 안 되는 사람'이라는 자책만 하게 됩니다. 그건 부모가 바라는 결과가 전혀 아니죠.

아이의 문제 상황에 숨을 고르고 이성적 피드백, 객관적 말하기가 된다면 모든 상황에서 아이들과 대화를 할 수 있습니다. 서로 방법을 고민하고, 어떻게 해야 해결할지 머리를 맞대는 것이지요.

한 예를 더 들어볼게요. 최근에 우리 집 아이가 부모에게 전달해야 하는 공지문을 주지 않았습니다. 그런데 제가 우연히 방에 떨어진 공지문을 보게 되었죠. 그럴 수도 있는 일이라고 넘길 수 있겠지만, 방학 때 무료로 진행하는 영어 캠프 과정에 신청하라는 안내문이었고, 다음날 바로 신청서를 내야 하는 상황이라서 살짝 화가 났습니다. "이런 걸 주지 않고 이 녀석이!"라는 주관적 화가 올라왔지요. 그러나 다시 숨을 고르고 이렇게 이야기했습니다.

"아들, 방에 영어 캠프 신청서가 떨어져 있는데, 엄마에게 전달이 안 됐네?"라고 상황을 말했습니다. 그리고 "이 캠프는 재미있고, 방학 때라 시간도 될 것 같으니, 했으면 하는데 어때?"로 바로 방향을 돌려 이야기를 나눴지요. 그리고 자꾸 이런 공지문을 주지 않을까 봐 한마디만 덧붙였습니다. "아들, 공지문 중에는 꼭 필요한 내용도 있으니 매일 저녁 엄마에게 모두 가져와 줘. 알았지?" 정도로요.

아이들은 아직 성장하는 단계여서 "이거 해라!", "그거 왜 안 했니?", "이건 뭐니?" 등 부모가 해야 할 말들이 사실 너무 많습니다. 그 말들을 전부 참고 전문가들의 말처럼 '믿어 주는 것'으로만 대신하기에는 일상이 챙겨야 하는 것투성이죠. 그때 매번 주관적·감정적 말하기를 하는 것 자체가 부모인 우리에게도 에너지가 소모되는 일입니다. 이성적 피드백, 이성적 말하기는 사춘기인 우리 아이들에게 여전히 우리가 쓰는 방법입니다. 사춘기 아이들과도 전쟁 없이 서로의 의도를 단순하게 받아들이게 하는 좋은 화법입니다.

부모의 말은 아이의 인생이 된다

7장

자녀의 행복한 학교생활을 위한
부모의 말 공부

우리 아이가 어디서든 긍정의 힘을 발휘할 수 있다면
그것이 행복한 인생입니다.

99

아이가 담임선생님과의
관계로 힘들어할 때

아이가 학교생활을 하는 기간에 너무 중요하면서도 또 마음대로 되지 않는 점을 꼽는다면 좋은 담임교사를 만나는 일입니다. 우리가 학교 다닐 때도 학기 초가 되면 선생님이 어떤 분인지가 가장 중요한 화두였습니다. 학기 초에 '이번 생은 망했다' 하는 표정으로 앉아 있던 친구들 모습도 떠오릅니다. 학부모가 된 지금은 어떨까요? 오히려 학생일 때보다 더 무겁게 다가옵니다. 나서서 어떻게 해 주지도 못하는데, 선생님 때문에 힘들어하는 모습을 보면 애가 탑니다.

아이가 셋이다 보니 초등 선생님만 열여덟 분을 만났습니다. 그 선생님 중에는 정말 좋은 분들도 계셨지만, 솔직히 한숨이 절로 나는 선생님들도 계셨습니다. 모든 것이 그렇지만, 어떻게 나와 딱 맞는 사람만 만나고 살겠습니까!

부모의 말은 아이의 인생이 된다

이 원칙은 아이들 학교생활에도 적용됩니다. 중요한 것은 '어떤 선생님을 만나는가?'라는 문제는 통제가 어렵지만, 아이가 '선생님을 어떻게 생각하는가?'는 바꿔 줄 수 있다는 것입니다. 그 사실을 아이를 키우면서 깨달았습니다. 아이가 선생님을 어떻게 생각하고 받아들이느냐에 따라 아이의 학교생활 1년이 결정된다는 것도 알게 되었지요.

'좋아하면 판단할 필요가 없다'라는 말은 아이들이 선생님을 대하는 상황에도 통합니다. 아이들이 선생님을 좋아하게 되면 수업 호감도가 높아집니다. 이는 역으로 선생님들이 아이들을 생각하는 관점에도 영향을 주지요. 선생님도 사람인지라, 자기를 좋아하는 아이들에게 마음이 가는 것은 당연하기 때문입니다.

학창 시절 수학만 보면 자동으로 눈이 감겨 졸기만 했던 제가 수학 선생님을 좋아하게 되면서 그 1년을 미친 듯이 공부한 기억이 있습니다. 우리 몸에서 무슨 작용이 일어나서 그러는지는 모르지만, 좋아하면 잘 보이고 싶고, 잘 보이고 싶어서 공부를 잘하게 되었던 기억, 누구나 한 번쯤 겪어 보셨을 겁니다. 반대로 선생님이 이상하고, 왠지 나만 미워하는 것 같다는 생각이 들면 학교생활은 그때부터 지옥이 됩니다.

선생님에 대한 좋은 이미지를
갖게 돕는다

"선생님이 너무 싫어. 너무 소리를 지르셔!"

아이가 선생님이 너무 싫다는 마음을 자주 표현한 적이 있습니다. 이유인즉, 자기는 앞쪽에 앉아 있는데 뒤쪽의 아이를 혼낼 때도 자꾸 앞에서 소리를 지르니 그때마다 깜짝 놀라서 힘들다는 것이었습니다. 그렇게 한 번 싫다는 생각이 자리를 잡으니 학교 가기도 싫어졌고, 선생님이 하시는 한마디 한마디를 다 좋지 않게 해석했습니다.

그때 우리 부부는 이제 학기 초인데 저렇게 선생님을 싫어해서 어쩌나 싶어 걱정스러웠습니다. 그래서 부부가 함께 고민하며 아이를 위해 세웠던 원칙이 있습니다. 이 원칙은 추후에 아이들이 새 선생님을 만날 때마다 적용하는 하나의 시스템이 되었습니다.

첫 번째 원칙은 '아이의 관계 패턴을 긍정적으로 잡아 주자'입니다. 초등학교 아이들은 아직 많은 관계를 경험하지 않았고, 또 그 관계를 정의하기 어려운 나이이지요. 그러다 보니 자신이 만나는 다양한 관계를 표현하는 데 사실 한계가 많습니다. 그래서 이러한 상황에서 부모님이 어떻게 규정하고 반응해 주는지가 관계의 정의가 됩니다. 우리 아이들은 실제로 살면서 많은 사람을 만나야 하고 그 속에서 스스로 살아갈 힘이 필요합니다. 그런 관점에서 이런 선생님,

부모의 말은 아이의 인생이 된다

저런 선생님을 만날 수 있다는 생각을 가지고 아이의 학교생활을 바라봐야 합니다. 이 점을 염두에 두고 아이에게 이렇게 이야기를 해 줬습니다.

"선생님이 자주 큰 소리로 말씀하시면 좀 놀랄 순 있겠다. 그런데 그 선생님은 참 화끈하신 것 같기도 하다. 목소리 큰 사람들이 그렇게 크게 말하지만, 속으로는 금방 미운 것을 잊어버리는 성격일 때가 많거든."

즉, 선생님 성격의 양면적 모습을 통해 긍정적 요소를 끄집어내는 것이지요. 이는 일종의 '프레이밍 효과(Framing Effect, 같은 사실이라도 배열 순서나 전달 방법이 다르면 인식도 달라지는 심리 효과)'입니다. 동일한 상황이라 해도 그에 관한 생각을 바꿔 줄 수는 있으며, 이것은 부모의 말로 가능합니다.

"내일 먹을 것은 빵밖에 없어요!"보다는 "내일 먹을 것은 빵이 있어요!"라고 말하여 동일한 상황이지만 전혀 다른 관점으로 바라볼 수 있게 해 주는 것과 같습니다.

"선생님이 소리를 너무 질러!"라고 아이가 말하는데, "어머, 그 선생님 왜 그러니?", "어머, 어머! 지금이 어떤 시대인데 아이를 그렇게 대해!"라고 말하는 순간, 아이가 선생님을 더 부정적으로 보게 되는 프레이밍이 됩니다. 이러한 프레이밍은 '관계의 영속성(오래도록 영향을 미치는 효과)'으로 이어집니다. 이를테면 부모가 "그건 선생님이 진짜 나빴다"라고 섣불리 규정하는 순간, '저런 사람은 나쁜 사람이다!'라고 규정되고, 이 규정은 비슷한 다른 사람을 만났을 때 '저런 사람은 나빠! 그러니 저런 사람은 싫어!'로 연결됩니다. 그 선생님은 이제 내 옆에 없지만, 그 선생님에 대한 규정이 다른 사람에게 영향을 미쳐 결국 아이의 다른 관계에 영향을 주는 것이지요.

아이의 친구 중 유독 다른 친구들 험담을 하며 "쟤는 ○○해서 나빠!", "쟤는 ○○ 때문에 놀기 싫어!", "쟤는 저렇게 하니까 나랑 안 맞아!"라는 말을 달고 사는 아이를 본 적이 있습니다. 뭐든 부정적으로 사람을 바라보는 탓에 저희 아이도 너무 피곤해했죠. 저는 이런 아이를 보면 '관계 패턴'이 너무 부정적이고 영속적이란 생각에 안타까웠습니다. 경험상 아이가 듣는지도 모르고 누군가를 자주 험담하면 이런 관계 패턴이 생기기도 합니다. 정말로 문제가 있어 보이는 선생님이라면, 그건 아이 앞에서 다 쏟아내며 문제를 키우기보다는 부모인 우리끼리 진지하게 아이가 듣지 않는 데서 논의하여 방법을 강구하는 게 좋습니다.

다시 선생님 이야기로 돌아와서, 부모가 아이의 말로 묘사된 모습에 계속 부정적으로 반응하면, 아이는 선생님이 점점 싫어지고, 싫은 사람이 말하는 것에는 절대 긍정적 효과나 학습을 기대할 수 없게 됩니다. 더욱이 싫어하는 선생님과 1년 동안 같이 생활해야 하는 아이도 곤혹스러울 것입니다. 최악의 상황이 되어 버리는 것이지요. 아이를 위해서 '긍정적 해석 능력'을 먼저 염두에 두세요.

부모의 말은 아이의 인생이 된다

두 번째 원칙은 '바꿀 수 없는 상대의 문제에서 벗어나 스스로 할 수 있는 일을 찾도록 하자'입니다.

"선생님이 그렇게 큰 소리로 이야기하는 것은 성격 같은데, 선생님께 작게 이야기해 주세요!"라고 말할 수 있니?"

"못해. 엄청 짜증 낼걸!"

"그치? 선생님도 그 순간 친구를 바로잡아야 한다고 생각해서 소리를 크게 내시는 것 같은데……. 그건 아마도 선생님의 화끈하고 주도적인 성격 때문인 것 같아! 그렇다면 선생님의 성격은 네가 어쩔 수 없으니 그 순간에 네가 할 수 있는 것은 뭘까?"

"음, 눈을 감아 버려!"

초등 3학년 아이의 대답이 그 당시 어찌나 귀엽던지, 지금도 생생히 기억납니다. 스스로 할 수 있는 마인드 컨트롤 방법을 찾아낸 아이를 지지해 주고, 이제 선생님의 화끈한 성격을 예상할 수 있으니 앞으로는 좀 덜 놀랄 수 있으리라는 이야기로 마무리를 했습니다. 물론 이런 대화는 한 번에 이뤄지지 않습니다. 아이는 1학기 내내 놀란 이야기를 반복적으로 토로했고, 우리는 그 부분에 나름의 공감과 호응을 해 주되 앞서 말한 2가지 원칙으로 일관적 피드백을 해 줬습니다. 그 후 놀랍게도 아이는 많이 진정되었고, 선생님을 객관적으로 받아들이는 관계 패턴도 가지게 되었습니다.

그 후 우리 아이들에게 이런 질문을 던진 적이 있습니다.

"얘들아, 너희는 그간 어떤 선생님을 만났어?"

"음, 따스한 선생님, 영혼 없는 선생님, 냉정한 선생님, 잘 웃는 선생님, 목소리 큰 선생님 등."

"그렇구나. 그렇다면 그런 선생님들은 그게 성격이야? 아니면 너희가 잘했거나 싫어서 그런 모습을 보인 거야?"

"선생님 성격이지!"

아이들의 답변이 명쾌하게 다가왔고, 아이들이 앞으로 만날 많은 사람들이 매우 다양할 수 있다는 사실을 '쏘쿨(So cool)하게' 받아주리란 생각을 하게 됩니다.

선생님께 메시지를 보낼 때
기억할 점

예전에는 선생님에게 문자를 드린다는 것이 조금 어려웠던 시절이 있었습니다. 찾아뵙거나 정중하게 전화를 드리는 것을 도리로 여겼던 적이 있었지요. 그런데 요즘은 상대가 어떤 상황인지 잘 알지 못하기에 불쑥 전화를 한다거나 찾아가는 일이 오히려 예의에 어긋나는 듯 여겨지기도 합니다. 그래서 아이에 대해 궁금한 점이 있거나, 문제가 생길 때 주로 카톡이나 문자를 이용합니다.

이러한 변화 속에서 교사인 친구는 수시로 울려대는 카톡 메시지에 대한 피곤함을 토로하기도 했습니다. 학부모 입장에서 대면의 부담이 사라지니 더 자주 연락드리는 듯합니다. 그런데 이렇게 시공간을 넘어 편하게 연락할 수 있는 문자 메시지는 또 여러모로 오해를 낳기 쉽습니다. 말끝에 물결 표시가 없으면 '화가 나셨나?'라고 추측하게도 되고, 이모티콘 하나에 여러 해석을 하며 상대의 의중을 상상하게도 됩니다. 또 문자는 그대로 상대에게 증거처럼 남아 버리니 조금 더 조심스러울 수밖에 없습니다. 문자나 카톡에 남은 메시지를 가지고 서로 말꼬리가 이어지기도 하니 말입니다. 그런데 최근에는 일부 학부모의 무례함으로 선생님의 고단함이 커져, 학교마다 민원은 직접 연락하지 못하게 하는 정책도 나오고 있습니다. 그리고 개인 연락보다는 공동 연락(하이클래스에 업무 중 대화)하심이 선생님의 시간도 배려하는 것이라 생각합니다.

메시지 전송의 기본 원칙과
작성의 3가지 요령

방과후 혼자 남아 공부했다는 아이의 말에 제 친구가 가슴을 쓸어내리며 선생님에게 문자로 연락했는데, 메시지를 몇 번 주고받더니 선생님이 답답하셨는지 전화를 하셨다고 합니다.

"그건 어머니가 그렇게 하지 말라고 부탁하실 사항이 아니고 아이가 잘못이 있으면 바로잡을 문제죠!"라며 1시간 넘게 이야기를 하셨다는 겁니다. 친구가 보낸 문자 메시지 하나하나를 문제 삼고 "요즘 엄마들은 아이들에게 조금만 어떻게 하면 이런 메시지를 보낸다"라고 하면서 불편한 마음마저 드러냈다는 겁니다. 친구가 선생님께 보내고 받았다며 보여준 문자 메시지 내용은 다음과 같았습니다.

> **[학부모 메시지]**
> 선생님! 우리 아이가 남아서 혼자 공부를 했다고 하던데,
> 정말인가요?

> **[선생님 회신]**
> 네, 어머니. 수업 시간에 너무 떠들어서 제가 그렇게 하라고 했습니다.

> **[학부모 메시지]**
> 죄송한데, 아이가 많이 놀란 것 같으니 다음부터는 제게 먼저
> 말씀해 주시길 부탁드립니다.

친구는 그 일 이후 아이를 학교에 보내고 늘 마음을 졸였습니다. 저는 속상했을 친구의 마음도 헤아리면서, 선생님과 불편한 일로 소통할 때 기억해야 할 기본 원칙과 메시지 작성 요령을 알려 줬습니다. 앞으로 이 요령에 맞게 문자를 보냈는지 스스로 점검해 보라고 권했습니다.

첫 번째 원칙은 선생님에게 무언가 묻고 싶을 때, 가장 중요한 기본 원칙은 '선생님의 의도는 선하다'는 관점을 가지는 것입니다. 이것은 가장 중요한 원칙입니다. 상대의 의도가 선하다고 생각해야 함

께 상의하고 이야기를 나눌 마음이 생깁니다. 만약 상대의 의도가 나쁘다고 생각하면 그 뜻을 헤아리는 데 너무 많은 시간을 할애하고 방어하게 되기 때문입니다. 물론 '의도가 선하지 않은데 어떡하냐?'라고 생각할 수 있고 실제 그런 선생님들도 있지만, 그런 선생님들과의 대화는 또 다르게 고민할 부분입니다. 그리고 의도를 선하게 해석하는 것이 결국 아이에게도 도움이 된다고 믿습니다.

심리학에 '가설적 상실'이라는 말이 있습니다. 이는 인간관계에서 자주 일어나는데요. 실제 아무 일이 안 일어났는데도 이미 무슨 큰 문제가 발생한 것처럼 좌절을 느끼는 것입니다. 실제 제 친구는 "선생님이 내 아이만 미워하는 것 같아서 기분이 너무 나빴다"며 '선생님이 내 아이만 이상하게 대하진 않겠지?' 하는 상상으로 그 이후에 계속 힘들어했습니다. 이것이 바로 가설적 상실입니다. 선생님의 실제 의도는 체크하지 못한 채 내가 추측한 '나쁜 의도' 때문에 모든 상황이 힘든 국면이 되어 버린 거죠. 그러니 첫 번째 핵심 원칙, '선생님은 우리 아이를 바르게 교육하고 싶어 한다'라는 선한 의도를 상기합니다. 이 기본 원칙으로 마음을 진정시킨 후 문자를 보냅니다.

두 번째 원칙은 상대방이 오해하지 않도록 나름의 방식을 가지고 메시지를 작성한다는 점입니다. 이때 3가지만 기억해 주세요.

1. 궁금한 상황을 그대로 기술한다.

'선생님 안녕하세요! 오늘 ○○가 남아서 학습했다고 들었어요.'

아이가 말한 이야기는 부모가 확인한 사실이 아니므로 확정적 단어를 사용하지 않고 '○○했다고 들었습니다', '○○를 주셨다고 하더라고요' 등으로 표현합니다. 실제 아이가 한 이야기와 선생님이 한 말과 행동이 다를 수 있음을 염두에 둬야 하기 때문입니다. 이렇게 궁금한 상황과 묻고 싶은 상황을 적었다면 다음 순서는 이렇습니다.

2. 의뢰형으로 추가 질문을 한다.

'혹시 그렇게 시간을 따로 내서 지도하신 이유가 있을까요?'

이 질문으로 선생님이 아이를 남게 한 이유(아이가 수학 실력이 많이 부족하다, 아이가 수업 시간에 떠들었다, 숙제를 해 오지 않았다 등의 사유)를 알 수 있기 때문입니다.

3. 긍정형으로 마무리한다.

'선생님께서 늘 애써 주셔서 감사한 마음입니다', '바쁘신 선생님께서 시간을 내주셨다니 감사하기도 하고 죄송하기도 해서 문자 드립니다' 등으로 마무리합니다.

인간은 끝을 강력하게 기억하는 '최신 효과'에 영향을 받습니다. 최신 효과는 최근의 모습, 최근의 정보가 근접성으로 인해 중요한 판단 요소가 된다는 것입니다. 연인 사이에서 남친, 여친이 아무리 서로에게 잘했어도 끝에 찌질하게 싸우면 어떻게 끝날까요? 서로 준 선물을 '돌려주네, 마네' 하거나 '내가 잘했네, 네가 못했네'라고 싸우면 좋았던 과정보다 지긋지긋한 끝의 기억으로 치를 떨게 됩니다. 그래서 '끝은 더러웠지만 과정은 좋았어'라는 회상 따위는 불가능합니다. 따라서 되도록 긍정적인 메시지로 마무리 짓는 것을 잊지 마세요.

제 친구가 선생님께 메시지를 이렇게 보냈다면 어땠을까요?

> 선생님, 안녕하세요!
> 오늘 ○○가 남아서 학습했다는 이야기를 들었습니다.
> 바쁘실 텐데, 따로 시간을 내서 지도하신 이유가 있을까요?
> 늘 애써 주셔서 감사한 마음인데, 우리 아이가 바쁘신 선생님의
> 시간을 뺏은 것은 아닌지 죄송하기도 해서 문자 드립니다.
> -○○ 엄마 드림

선생님의 의도가 선함을 염두에 둔 메시지는 상대에게서 선한 반응을 끌어냈을 겁니다. 아이를 키우다 보면, 당장 따져 묻고 싶은 내용이나 대체 무슨 의도일지 심란한 상황이 심심치 않게 발생합니다. 그때 잠시 숨을 고르고 1년 동안 내 아이를 맡아 주실 선생님과 어떻게 좋은 파트너십을 가지고 싶은지 그 목적을 생각해 보세요. 그렇다면 그 목적에 맞게 상황을 바꿀 수 있을 겁니다. 저는 이 방법으로 선생님들과 소통했고, (저만의 느낌일 뿐인지는 모르겠지만) 이런 방식을 통해 선생님들과 좋은 파트너십을 가질 수 있었습니다.

부모의 말은 아이의 인생이 된다

학부모 상담 시 놓치지 말고 '꼭 파악해야 할 요소'

　부모는 아이가 학교에서 잘 적응하는지, 아이가 학교에서 말썽은 부리지 않는지 여러 가지가 늘 궁금합니다. 그래서 '학부모 상담'은 여러모로 중요한 시간입니다. '아이를 가르치는 선생님은 어떤 분일까?' 하는 궁금증도 들고, '아이에 대한 선생님의 호감도'도 알 수 있어서 우리 부부는 빠지지 않고 참여합니다.

　세 아이의 학부모 상담을 하면서 느낀 점이 있습니다. 세 아이 중 상담할 때 자연스럽게 어깨가 펴지는 아이도 있고, 선생님이 무슨 말씀을 하실까 싶어 조마조마한 마음으로 가는 아이도 있다는 거죠. 즉, 선생님께서 평가하는 아이의 모습이 어떤 '확신' 같은 것이 되어서 마음이 크게 요동치기도 합니다. 그렇게 때로는 기대감, 때로는 떨리는 마음으로 찾아가는 학부모 상담. 그 마음만큼이나 빈손으로 돌아오지 않기 위해서는 부모도 몇 가지 준비를 해야 합니다.

상담 시 먼저 갖춰야 할 것

"우리 반의 한 아이가 좀 소심해 보여서 신경 쓰였는데, 학부모 상담을 하면서 깜짝 놀랐잖아. 엄마가 너무 괜찮으시더라고. 아이의 문제를 솔직하게 이야기하고 아이가 학기 초에 보이는 증상이라고 오히려 안심시켜 주셨어. 사려도 깊으시고. 그 이후로 그 아이에게 더 마음 쓰게 되더라."

교사 친구들과 대화하다 보면 생각지도 않게 선생님 마음을 읽게 될 때가 있습니다. 선생님도 사람인지라 '좋은 인상'을 받은 학부모에게 호감을 갖고, 그 호감으로 아이를 조금 더 신경 쓰게 된다는 말로 들리기도 했습니다. 요즘은 선생님께 감사의 표시도 쉽게 할 수 없고, 감사한 일이 있다면 정말 마음으로만 표현해야 하는 시대죠. 그렇다면 그 마음을 어떻게 표현하느냐도 참 관건인 것 같습니다. '아이를 맡기는 학부모로서 감사와 존경의 마음'을 표현하는 것, '아이를 맡기면서 교육 파트너로서 언제든 선생님을 돕겠다는 마음과 지지를 표현하는 것' 말입니다.

그런 의미에서 저는 학부모 상담을 정말 최선을 다해 준비합니다. 여기서 '최선'이란 가장 매너 있는 자세, 선생님 말씀을 깊이 경

부모의 말은 아이의 인생이 된다

청하는 자세("아, 선생님 입장에선 그러셨겠어요!", "아, 정말 중요한 말씀을 해 주셨어요" 등의 호응), 그리고 아이를 맡기는 부모로서 정말 선생님을 믿고 있다는 지지의 표현(아이에게 문제가 있거나 바로잡아야 할 부분이 있다면 언제든지 연락주시기를 바란다, 늘 선생님 말씀을 경청하겠다 등의 의지 표명) 등입니다.

요즘 시대가 어떤 시대인데 그렇게 저자세(?)로 선생님을 대하냐는 분들도 가끔 있는데, 우리 부부는 좋은 매너와 상대를 존중하는 태도가 저자세라고 생각해 본 적은 한 번도 없습니다.

아무리 시대가 바뀌어서 선생님에 대한 존경이 많이 사라지고, 학부모와 선생님이 서로 고소까지 하는 시대라지만, 그건 일부이고 여전히 아이를 맡기는 부모로서 '잘 부탁드립니다'라는 마음은 진심이고 꼭 필요한 자세라고 생각합니다. 진심으로 잘 부탁드린다는 마음을 '선생님에 대한 칭찬과 감사'로 전달하는 것도 한 방법입니다. 우리가 상담하러 가면 기대하는 것은 '아이에 대한 선생님의 칭찬'입니다. 그것을 듣기 위해 귀가 커질 때가 많지요. 반대로 우리는 그 마음을 선생님께 돌려 드리려고 합니다.

아들이 "선생님이 젊으셔서 우리를 완전 잘 이해해!"라고 말한 적이 있습니다. 그럼 기억했다가 선생님에게 반드시 전달합니다.

"선생님, 저희 아이가 선생님이 자기들 마음을 너무 잘 이해해 주셔서 좋다고 얼마나 자랑하던지요!", "선생님, 저희 막내가 신발 끈을 못 매는데 선생님이 직접 해 주셨다고 너무 좋아했어요!"

우리가 느낀 선생님의 장점도 전달합니다. 독서록에 빼곡하게 피드백을 했던 선생님에게는 "독서록을 열어 볼 때마다 제가 다 설레더라고요. 선생님의 섬세한 피드백 덕분에요!"라고, 아이들의 감기 상태를 세심히 살폈던 선생님에게는 "아이들 건강에 저희보다 더 많이 관심을 가져주셔서 정말 감동했습니다."라고요.

아이들 학교생활을 가만히 지켜보면, 선생님마다 장점이 있고 아이가 유난히 좋아했던 선생님의 특징도 있기 마련입니다. 선생님의 장점을 감사의 표현으로 전달하려고, 우리 부부는 대화 중에 아이들에게 "너희 선생님은 장점이 뭐야?"라고 물어보기도 했습니다. 물론 칭찬거리가 없어서 그냥 "네네, 감사합니다" 하며 같은 인삿말만 반복해서 드렸던 선생님도 계시긴 했습니다.

상담 시 파악해야 할 기본 3종 세트

선생님들을 직접 만나 뵙는 대면 면담보다는 전화 상담이 많아지는 요즘, 선생님들이 바로 "궁금한 거 있으면 물어보세요"라는 말씀을 던지시기도 합니다. 그러다 보니 주어진 시간 안에 효과적인 면담을 하기 위해서 기본적으로 파악하고 싶은 것을 바로 질문할 수 있어야 합니다. 그렇지 않으면, 정말 중요한 것들은 놓치고 변죽만 울리다가 상담을 마치는 경우가 생깁니다. 그런 사태의 방지를 위해

다음 3가지 질문은 꼭 리스트로 기억해 두세요.

첫째, "선생님, 저희 아이가 학교 진도는 잘 따라가나요? 학습 이해도가 떨어지진 않나요?"처럼 먼저 아이 학습 부분을 묻습니다. 부모 입장에서 아이의 객관적 실력을 파악해 어떤 부분을 보완해야 하는지 알 수 있게 됩니다.

둘째, "아이가 친구들과는 원만하게 지내는지요?"와 같은 교우관계 질문으로 그간 알고 있던 친구들 정보에 더해 정말 친한 친구의 이름을 새롭게 알게 되기도 합니다.

셋째, "아이 학습 태도는 어떤가요?"처럼 학습 태도를 알아볼 수 있는 질문을 해야 합니다. 학습 태도는 학습 이해도만큼이나 중요하죠.

제 친구 하나는 아이가 선행 학습으로 공부를 꽤나 잘하고 있다고 생각했는데, 의외로 '학습 태도가 좋지 않다'는 피드백을 받아서 좌절했다고 합니다. 사실 좌절보다는 알게 돼서 다행이라고 생각하는 것이 맞지요. 그래서 "네가 이미 알고 있는 내용이라고 선생님 말씀을 안 들으면 안 되고, 그때는 복습의 의미로 제대로 다시 듣는 거야!"라고 아이에게 피드백해 주라고 했습니다. 아이 공부 인생을 길게 볼 때, '학습 이해'보다 '배우려는 자세와 잘 듣는 학습 태도'가 더욱 중요하니까요!

상담은 선생님을 알 수 있는
절호의 기회

면담은 1년에 2번 이뤄집니다. 1학기 1번, 2학기 1번입니다. "1학기 때는 사실 선생님도 아이를 잘 모르니 나는 2학기 면담만 해!"라고 하시는 분도 있습니다. 그런데 1학기 면담은 '우리 아이를 맡아 주실 선생님을 파악하는 시간'이라는 중요한 의미가 있습니다.

거듭 말하지만, 아이가 선생님을 만나고 보내는 시간은 우리 아이에게 적지 않은 영향을 주기 때문에 '좋은 학교생활과 자신감'을 위해서 1학기 면담은 아주 중요합니다. 이 시간을 통해 선생님을 파악할 수 있으니까요. 선생님의 스타일을 비롯해 어떤 것을 중요시하시는지, 어떤 것을 싫어하시는지 등의 '기본 가치관(근본적인 태도나 관점)'을 파악할 수 있습니다. 이렇게 말씀드리는 건 선생님의 가치관에 따라 우리 아이가 우등생이 되기도 하고, 그냥 그런 아이가 되기도 하는 경험을 했기 때문입니다. 어떤 선생님은 우리 아이의 어떤 점을 무척 칭찬해 주셨는데, 어떤 선생님은 그쪽으로는 그다지 관심이 없으시기도 했습니다.

학교생활에 별로 흥미가 없고 선생님에게 칭찬을 듣지 못한 아이가 있었는데, 어느 날 선생님이 반 아이들 앞에서 그 아이를 일어서게 하면서 칭찬했습니다. "○○은 아직도 스마트폰을 가지고 있지 않은 친구야. 이건 정말 대단한 거야." 이렇게 칭찬받은 일을 계기로 그 아이는 학교생활을 아주 신나게 했다고 합니다. 실제 지인의 경험담입니다.

선생님의 가치관, 즉 '스마트폰은 아직 초등생들에게는 그렇게 필요하지 않다'는 가치관에 그 학생이 부합한 것이지요. 또는 어떤 아이에게서든 칭찬할 점을 찾아내려는 가치관을 지닌 분이실 수도 있고요. 어느 쪽이든 그 가치관과 학생의 상황이 맞아떨어지면 '후광 효과(어떤 사람에 대한 일반적 견해가 전체적으로 영향을 미치는 효과)'가 일어나서 전체적으로 좋은 이미지를 갖게 됩니다.

이처럼 선생님의 가치관을 미리 알면, 불필요한 마찰(아이가 선생님 눈 밖에 나는 일)을 줄일 수 있습니다. 그럼, 선생님의 가치관을 어떻게 알 수 있을까요? 선생님의 가치관을 파악하기 위해 우리가 선생님에게 던진 질문입니다.

"선생님, 학교생활을 위해서 집에서 같이 신경을 써 주었으면 하시는 것이 있다면 어떤 것이 있을까요?"

"선생님, 저희가 이것만은 신경 쓰면 좋겠다고 한 가지 정도 당부해 주신다면 어떤 것이 있을까요?"

이 질문에 선생님들의 대답은 정말 다양했습니다.

"아직 2학년이면 좀 놀아도 돼요. 학원 선행 학습보다는 교과 중심의 예습과 복습만 좀 신경 써 주세요."

"특별히 다른 것보다는 책 읽기가 중요하죠!"

"3학년이 됐으면, 아이가 스스로 하게 도와주세요! 스스로 못하는 아이들이 너무 많아요."

지나친 선행 학습이 오히려 아이들 공부에 방해가 되지 않기를 바란다며 '예습, 복습'을 강조한 경우, 독서를 강조하고 실제로 독서 활동을 가장 활발하게 했던 경우, 스스로 알아서 하는 힘을 강조한 경우 등 선생님들의 가치관은 다양했습니다.

독서를 강조한 선생님은 매일 책을 가져오라고 이야기했는데 안 가져오는 아이가 못마땅할 수밖에 없고, 스스로 알아서 할 힘을 강조한 선생님은 아이가 스스로 무언가를 잘 챙겨 오는 모습을 중요시할 수밖에 없습니다. 그 관점을 염두에 두고 질문을 하고 답을 들으면, 부모가 같이해 줄 것을 신경 쓰고 아이에게도 그런 자세를 갖도록 독려하는 계기를 마련할 수 있습니다.

선생님은 자신이 중요하게 생각하는 기준을 잘 지키는 아이를 눈여겨보게 됩니다. 그 시선은 고스란히 아이의 자존감으로 반영되고요. 학부모 상담 시 꼭 확인해야 할 사항을 기억해 둔다면, 우리 아이가 학교생활을 더 잘할 수 있고, 선생님과 좋은 관계를 만들 기회를 얻을 수 있습니다.

부모의 말은 아이의 인생이 된다

선생님께 혼나고 온
아이에게 해 줘야 할 말

"엄마, 선생님이 나만 미워해!"

아이가 엉엉 울면서 집에 들어섭니다. 아이를 키우면서 이때만큼 마음이 쿵 하는 일이 또 있을까요? 더욱이 아이가 초등학교 저학년이고, 첫아이라면 그 마음은 더욱더 아플 수밖에 없습니다. 둘째와 셋째를 경험하면서 마음이 나름 강해지기는 했지만, 여전히 이런 순간은 상상도 하기 싫은 상황입니다. 실제로 제 지인의 아이가 엉엉 울면서 하교하며 한 말을 그대로 옮겨 봅니다.

"(가방을 집어던지며) 학교 가기 싫어, 선생님이 나만 미워해!"

아이의 "선생님이 나만 미워해"라는 말로 시작된 하소연은 이렇게 이어집니다.

"배고픈데, 밥도 안 주고, 귤만 주면서 계속 이야기해. 짜증 나!"

"밥도 안 줬다고? 무슨 일인데, 응?"

"몰라, 배가 고픈데……. 계속 말만 해. 나만 미워해!"

분명 선생님은 주옥같은 이야기를 하셨을 텐데, 아이는 억울한 마음에 '나만 미워해'만 외치니 정말 답답하기 그지없습니다. 사실 이런 경우 부모인 우리가 평정심을 유지하기란 쉽지 않습니다. 거기에 사실 확인 없이 '정말 우리 아이만 미워하나?'라는 근거 없는 의문이 커지기 시작하면, 아이의 속상함은 부모의 우울함으로 번지지요. 이렇듯 아이와 부모는 한 몸도 아니면서 딱 붙어 있는 기생 관계처럼 천당과 지옥을 함께 경험하는 게 현실입니다.

상황은 같은데 '해석이 다르다?'

"부장님이 나만 싫어해. 안 그럼 일을 이렇게 줄 수 있어?"

"왜 나한테만 부탁하는 거야? 내가 호구야?"

우리는 살다 보면, '예측 확실(이건 확인할 필요도 없어, 무조건 사실이야)'한 피해의식을 가질 때가 있습니다. 처음에는 그런가 보다 하고 넘겼던 어딘지 부당한 일이 반복되면 '예측 확실'로 받아들이면서, '그 사람이 나를 싫어해', '나는 뭘 해도 안 돼', '나는 정말 틀렸어'라는 해석에 따른 결론을 내는 것이지요. 이런 심리적 절차(생각을 하고, 그 생각을 확정해서 받아들이는 것)를 '해석 수준 이론'이라고 합니다. 이는 '동일한 상황에도 각기 해석(생각)하는 수준이 다르다'라는 것을 뜻합니다.

부장님의 지시에 '오, 지난번과 동일한 지시를 하셨네. 역시 나만 미워해!'라는 해석(생각)도 가능하지만, '오, 지난번과 동일한 지시를 하셨네. 그때 내가 잘했나?'라는 해석(생각)도 가능한 법입니다.

거절에 대해서도 '왜 나한테만 부탁하지? 내가 호구로 보이나!'라는 해석(생각)도 가능하지만, '왜 나한테만 부탁하지? 내가 성격이 좋긴 하지!'라는 해석(생각)도 가능한 법입니다. 그렇게 생각이 달라지면, 그다음 스텝도 달라지죠. "나한테 부탁해 준 건 고마워. 그런데 내가 이번엔 급히 처리할 다른 일이 있어서 어려울 것 같아"라고 자신의 입장을 기분 나쁘지 않게 전달할 수 있게 됩니다. 실제로 매번 자신을 호구로 생각한다고 '해석'을 했던 한 친구는 생각의 단계가 그러하니 꾹꾹 참았던 마음을 행동으로 쏟아 버린 적이 있습니다.

"선배님! 제가 그렇게 만만해요? 그래요? 진짜 너무하시네요! 저 더는 못하겠습니다."

나중에 선배는 친구의 그 말에 이런 말을 합니다.

"네가 그렇게 생각하는지 몰랐어. 네가 성격이 좋고 편해서 내가 많이 의지했던 것뿐인데."

내 짐작과 달라 멋쩍어지는 순간이지만, 처음부터 해석(생각)의 단계가 건강했더라면 피할 수 있었을 상황이기도 합니다.

아이의 해석 수준 이론을
염두에 두고 대화한다

"왜? 너만? 반 아이들 말고, 너만 밥을 먹지 않고 이야기했다는 거야? (흥분된 억양으로) 울지만 말고, 말을 해 봐. ("아니 이게 무슨 경우야!"라고 혼잣말을 하며) 알았어! 선생님께 연락해 볼게. 웬일이니, 정말!"

지인은 아이의 말에 순간 흥분해 이렇게 반응했다고 했습니다. 그 후 맘카페에 글도 올려 보고, 속상한 마음을 삭이는 데 너무 많은 시간을 보냈다는 겁니다.

이해 안 되는 바는 아니지요. 부모도 사람인데 이런 상황에서 마음을 다스리고 진정하기란 정말 쉽지 않습니다. 흥분해서 선생님께 연락을 안 한 게 다행이지 싶기도 합니다. 그런데 문제는 이런 부모의 반응으로 아이가 정말 '(엄마가 저렇게 반응하는 걸 보니) 아, 선생님이 나를 미워하는 게 확실하구나'라고 확신하게 되고, 해석 수준이 건강하게 자라지 못할 수 있다는 겁니다. 무엇보다 그 감정으로 '나만 싫어하는 선생님이 있는 학교'가 싫어질 수밖에 없으니까요. 이와는 다르게 좀 더 공감하면서 반응하는 부모님들도 많습니다.

"어머, 속상했겠다. 무슨 일일까? 선생님도 뭐가 속상하셨나 보다. 엄마가 연락해서 여쭤볼게. 정말 미워서 그랬는지! 기분 풀고, 들어가 있어. 게임 하나 할래? 간식 줄게!"

부모의 말은 아이의 인생이 된다

이 정도 반응도 사실 매우 훌륭합니다. 부모의 감정을 다스리고 아이의 감정을 풀어 주느라 애쓴 경우이니까요. 그런데 이 경우도 선생님의 생각과 의도는 확인되지 않은 채 아이는 그저 기분을 푸는 선에서 그치게 됩니다. 조금 더 욕심 내서 기분을 푸는 것과 함께 아이의 해석(생각) 능력도 키워 주는 계기로 삼으면 어떨까요?

"너무 속상했겠다. 기분이 어땠어?"

"안 좋았어!"

"그랬구나, 맞아. 당연히 '나만 미워해'라는 생각이 들었다면 속상하지. 그런데 이야기를 나눌 때 선생님은 식사하셨어?"

"아니, 같이 안 드셨어!"

"그랬구나. 그럼, 선생님이 식사도 못하면서 너한테 해 준 이야기가 뭐야?"

"내가 힘들어서 엎드려 있었거든. 엎드려 있으면 안 된다고!"

"음, 공부 시간에 엎드려 있었구나. 그럼 그 이야기를 하는 동안 선생님도 식사를 못하신 건데, 그럼 배가 고프셨을까, 안 고프셨을까?"

"고파!"

"선생님이 배가 고프신데 식사도 안 하시고, 너한테 시간을 내서 따로 그런 이야기를 해 주신 건 엄마는 참 고맙다. 너한테 수업 태도를 잘 가르쳐 주셨네."

이렇게 이야기해 준다면 어떻게 될까요?

상황은 같지만 아이의 해석은 '선생님이 나만 미워해'에서 '선생님이 나를 위해서 이야기를 해 주신 것이다'로 바뀌게 됩니다. 식사를 안 하면서까지 아이에게 시간을 내어 주신 선생님 상황을 아이에게 풀어서 이야기해 줌으로써 아이는 상황을 전혀 다른 관점으로 받아들이게 됩니다.

'나를 위해서 선생님이'라는 관점은 자존감의 영양분으로, '선생님이 밥도 안 드시고'라는 상황은 타인에 대한 긍정적 인식으로 전환이 됩니다.

"엄마, 내가 이번 일로 배우게 된 건 2가지야. 친구의 입장을 좀더 충분히 들어야 한다는 것이고, 나중에 또 이런 일이 생긴다면 조금 더 좋은 방법으로 풀 수 있을 것 같아!"

한 친구와의 갈등을 나름대로 해결한 다음 날 아침, 큰아이가 한 말입니다. 어느새 이렇게 생각이 자랐나 싶어 기특하기도 하고, 어릴 적 해석 수준 이론을 염두에 두고 대화를 나눴던 순간들이 주마등처럼 지나갔습니다. 아이들이 중학생이 되면서는 사실 뼈가 되는 피드백, 살이 되는 피드백을 해 주고 싶어도 금세 '꼰대'가 되어 버리는 경우가 많습니다. 그런데 초등학교 때 아이의 결정적 순간에 뿌린 말들의 씨앗이 중학교, 고등학교 때 불쑥불쑥 아이의 입에서 나오는 것을 보면 놀랄 때가 참 많습니다. 누군가 우리 부부에게 "아이들을 초등 때까지 다시 키울 수 있다면?"이라고 묻는다면, 두 번 생각도 하지 않고 "정말 마음을 다해, 아이가 들을(경청할) 준비가 되어 있는 이 좋은 시기에 인생의 잠언 같은, 지혜서 같은 이야기를 더욱더 많이 해 주겠다"고 답할 것입니다.

친구 관계
멘탈 키우기

오은영 박사의 〈금쪽같은 내 새끼〉에 나왔던 아이 중 유독 기억에 남는 아이가 있습니다. 친구가 조금만 시무룩하면 "왜 그래? 혹시 나 때문에 그래?"라고 눈치를 살피고, 친구가 놀다가 잠시 딴짓하면 "왜? 재미없어? 내가 아까 툭 쳐서 재미없어진 거야?"라며 지나치게 친구의 눈치를 살피는 아이였습니다. 그 아이는 친구들과 어울리는 내내 '혹시 나 때문에' 그런 게 아니냐며 친구들 앞에서 자주 전전긍긍했습니다. 그런 아이의 모습에 살짝 짜증을 내는 친구도 있었고요. 전후 맥락을 살펴보니 아이는 엄마의 짜증이나 부모의 화를 모두 자기 탓으로 생각하는 행동 양상을 보였습니다. 그 행동이 결국 친구 관계에까지 영향을 미친 것이지요.

이러한 심리를 '관계 사고'라고 합니다. 즉, 벌어지는 모든 일이 자기와 연관이 있다고 생각하는 것입니다. 이러한 심리는 어른인 우리에게도 있습니다. 카톡을 보냈는데, 분명 읽었으면서도 답장을 안 하면 '왜 답이 없지? 혹시 지난번에 나 때문에 마음이 상했던 걸까?' 하고 걱정합니다.

길거리에서 같은 반 학부모를 만났는데, 지난번에는 분명 웃으면서 인사했던 것 같은데 오늘은 왠지 '쎄한' 느낌이 들면 '준호 엄마랑 같이 밥 먹었다더니, 준호 엄마가 내 험담했나?' 등으로 모든 사건의 원인을 나에게 돌리는 것이지요. 그렇게 벌어진 상황을 무조건 나와 연관해서 생각하다 보면 벌어진 상황은 이미 한참 전이건만, 시간이 지나도 좀처럼 마음을 잡지 못하고 우울해집니다. 그리고 나도 모르게 상상의 나래가 저만치 펼쳐지기도 합니다.

'바쁘면 바쁘다고 톡 하나 못해? 기본적으로 나를 무시하네.'

'준호 엄마가 뭔 이야기를 했길래 저러지? 혹시 내가 그때 그 아들래미 버릇없다고 한 이야기를 들었나!'

사실 확인도 안 된 상상들이 어느새 눈덩이처럼 불어나 기분이 찝찝해집니다. 그럴 때 이것이 바로 '관계 사고'라는 것을 깨닫고 '내가 지금 모든 것을 나와 엮어 생각하는 관계 사고를 하고 있구나!'라고 자신을 객관화해서 바라봐야 합니다.

심리 상담을 하는 분의 이야기를 들어보면, 지나치게 관계 사고를 많이 하는 사람들이 우울감을 자주 호소하며 힘들어한다고 하니, 이런 생각들이 뭉게뭉게 피어오를 때 잠시 멈춰 서서 내 사고를 점검하는 것이 정말 중요합니다. 이런 관계 사고를 하고 있음을 인식했다면, 다음에는 그 사고를 다른 사고로 전환해야 합니다.

바로 '상황 사고'로 바꿔 주는 것이죠. 육아 프로그램에 나왔던 아이처럼 다른 친구들의 눈치를 심하게 살피는 아이에게는 이렇게 말해 주면 좋습니다.

엄마 그 친구가 너 때문에 기분이 나쁜 것 같다고? 왜?

아이 그냥 그런 생각이 들어. 혹시 내가 뭘 잘못했나?

엄마 네가 뭘 잘못했다면 그 친구도 이야기했을 거야. 어쩌면 그 친구가 집에서 기분 나쁜 일이 있는데, 말을 못하는 것일 수도 있지. 너도 혼나고 나가면 친구들에게 다 말하진 않잖아!

이렇게 대화를 이어가면서 아이의 추측, 즉 '나 때문에 그런가?' 하는 생각을 '너 때문일 수도 있지만 사람은 감정 전이(앞서 느낀 감정이 다음 감정에 영향을 미침) 때문에 먼저 어떤 기분 나쁜 일이 있어서 저렇게 무표정한 것일 수도 있다'는 것을 알려 줘야 합니다. 즉, 나를 중심으로 한 '관계 사고'에서 상대를 중심으로 한 '상황 사고'로 전환해 주는 것입니다.

아이들이 친구와의 관계에서 유독 어깨가 축 쳐져 있다거나, 불필요해 보이는 걱정을 하고 있다면, 혹시 관계 사고 때문은 아닌지 그 마음을 들여다봐 주세요. 이후에 부모가 가볍게 던져 주는 사고

전환의 말 한마디가 아이에게는 동아줄의 역할을 하게 될 수도 있습니다. 이렇게 툭툭 털 듯 감정을 덜어내고 주위를 환기시키는 일이 늘어나다 보면 아이의 정신 건강도 튼튼해집니다.

무엇보다 중요한 것은 부모인 우리가 기분이 안 좋을 때나 부부 싸움을 하게 되었을 때, 아이들이 그 상황을 관계 사고로 해석하지 않도록 꼭 잘 챙겨서 이야기해 주는 것입니다.

"지금 엄마와 아빠 두 사람 사이의 문제로 이야기 나누는 거야. 너희 때문이 아니니 걱정하지 말고 들어가 있어."

"엄마가 지금 기분이 좋지 않아서 좀 힘 없이 대답한 거야. 너 때문이 아니니 즐겁게 놀다 와!"

이렇게 상황 설명을 해 주는 작은 배려가 아이들에게는 좋은 관계를 만들어 가는 밑거름이 되고, 초등 고학년이 되었을 때 친구 관계의 스트레스를 줄일 수 있는 좋은 환경이 된다는 것을 잊지 않으셨으면 합니다. 또래 관계가 중요해지는 사춘기로 접어들면 부모님들이 오히려 노심초사하며 아이들의 친구 관계에 신경을 쓰는 경우가 정말 많습니다. 하지만 어릴 때부터 부모님이 아이들의 친구 관계에 관심을 가지고 공을 들였다면, 아이들이 스스로 친구와의 갈등을 잘 해결하고 우정을 쌓아가는 모습을 흐뭇하게 지켜볼 수 있습니다.

또 중요하게 알려 줘야 할 점이 있습니다.

"사람은 살다 보면, 나를 그냥 이유 없이 싫어하는 사람도 만난

부모의 말은 아이의 인생이 된다

다. 참 신기하지? 사람들 마음속 생각이 각자 달라서 '나는 저렇게 생기면 싫어, 나는 저렇게 웃는 게 싫어' 하는 사람들도 있어. 그건 그 사람의 생각인데, 그렇게 나랑 생각이 맞지 않으면 나를 싫어할 수도 있지. 그것도 알아두렴. 그래서 너를 좋아하는 사람들, 네가 좋아하는 사람들과 친구를 하는 게 중요해. 너를 그냥 싫어하는 사람에게 시간과 마음을 너무 쓸 필요가 없단다."

유독 제 아이를 싫어하던 아이 친구가 있었습니다. 그때 아이 나름대로 다가가려고 노력했는데도 그 친구가 계속 그러길래 이런 피드백을 해 줬죠. 생각해 보니, 이 말이 가장 중요한 말 같기도 했습니다. 우리 인생에서 나를 이유 없이 싫어하는 사람에게 온통 신경을 쓰는 것만큼 시간 낭비는 없으니까요. '세상에서 열 사람 중 세 사람은 나를 좋아하고, 세 사람은 나에게 관심이 없고, 세 사람은 나를 싫어할 확률이 있다'라는 말도 있습니다.

아이들의 친구 맺기에 일일이 간섭할 수도 없고, 친구와의 갈등에 매번 부모가 나서서 풀어 줄 수도 없는 법입니다. '자기 생각을 표현하는 법'을 잊지 않으며, 관계 사고가 아닌 상황 사고로의 전환을 통해 아이들이 스스로 건강한 관계를 맺어갈 수 있도록 그 뼈대를 잡아 주는 정도가 부모가 할 수 있는 최선일 것입니다.

책을 마무리하며

"또 엄마 급발진이다!"
"엄마, 숨을 깊게 들이시고, 잠깐 앉아서 물 좀 마셔요!"

엄마는 갱년기에 진입했는지 종종 얼굴에 화끈거림이 올라오고, 가슴이 벌렁거립니다. 그러다 무언가 아이의 잘못된 점이 눈에 들어오면 "내가 치우라 했지?" 하고 버럭 말이 앞섭니다. 그러면 우리 아이들 중 한 명은 엄마의 등을 쓸어내리며 진정시키고, 또 한 명은 물을 떠다 줍니다. '또 그러나 보다' 넘어갈 수도 있지만, 초등 6학년, 중등, 고등 아이들은 꽤나 엄마를 잘 이해해 주는 편입니다. 고맙기도 하고, 아이들의 대처가 위안이 됩니다.

그런 아이들의 모습이 저희가 아이들에게 해 준 모습과 오버랩됩니다. 뒤돌아보니 아이를 키우는 과정에서 아이들이 '받아본 경험',

부모의 말은 아이의 인생이 된다

'받아본 표현', '받아본 사랑'으로 고스란히 부모에게 되돌려주고 있다는 생각을 지울 수 없습니다.

어느덧 아이들 각자의 일정이 많아져서 저녁 식탁에 둘러 앉아 함께 식사하는 일이 예전보다 많지 않고, 주말이면 부부 둘이서 강제 데이트를 즐겨야 하는 날도 많아졌습니다. 그리고 무슨 오래된 테이프를 돌려 보듯 아이들 어릴 적 동영상을 수도 없이 봅니다. 왜, 모든 시간은 뒤늦게 더 아름답게 느껴지는 걸까요? 그러면서 이야기합니다. "생각보다 너무 짧다! 아이들이 쑥 자라서 자신의 걸음을 걷는 때가" 라고요. 그리고 마음을 다해 대화에 정말 정성을 쏟을 시기가 초등 때면 거의 마무리된다는 생각도요.

초등생 때까지 부모와 주고받은 정서적 교감이 그 이후 대화의 질, 관계의 질에 많은 영향을 미칩니다. 그렇게 서로에 대한 건강한 관계와 믿음이 쌓이면 중고등학교 시기에 서로 힘을 주는 관계로 만들어갈 수 있습니다. 또, 사춘기 아이들과의 대화에 진심을 담고 아이들 마음에 귀를 기울이면, 답이 없다는 사춘기와 갱년기의 대화가 서로를 긍휼히 여기는 모습으로 마무리되기도 합니다. 이런 아이들과의 정서적 교감과 대화는 아이와 부모를 더욱 행복하게 합니다.

초등 아이들이 스트레스로 탈모가 생기고, 중등 아이가 학원 숙제로 잠을 못 자서 학교에서 잠을 청합니다. 대학이 아니면 인생이 끝날 것처럼 여겨지는 세상에서 수능 다음 날이면 꼭 들려오는 아이들의 극단적인 선택 소식에 참 마음이 아프고 슬픕니다. 부디 우리 아이들이 자신의 슬픔과 아픔을 부모에게 편안하게 털어놓고, 그 마음이 위로받을 수 있기를, 그리고 그 힘으로 세상을 살아가며 자신의 길을 만나길 바랍니다.

마지막으로 "우리 집에 태어나 하나님이 허락하시는 자신의 삶으로 날아갈 사랑하는 희원, 지원, 주원아! 너희로 인하여 우리 또한 인내를 배우고, 성장하고, 다급하고 이기적인 사랑이 아닌, 존중의 사랑을 배운다. 고마워!" 쑥스러운 사랑을 저희도 아이들에게 표현해 봅니다.

도움이 된 책과 자료들

- 〈성경〉
- 〈엄마의 말 공부〉 이임숙, 카시오페아
- 〈세상에서 가장 쉬운 본질육아〉 지나영, 21세기북스
- 〈어떻게 말해줘야 할까〉 오은영, 김영사
- 〈아이와 함께 자라는 부모〉 서천석, 창비
- 〈자신감 있는 아이는 엄마의 대화습관이 만든다〉 엘리사 메더스, 팜파스
- 〈당신의 아들은 게으르지 않다〉 애덤 프라이스, 갈매나무
- 〈EBS 60분 부모: 행복한 육아 편〉 EBS 60분 부모 제작팀, 경향미디어
- 〈EBS 60분 부모: 똑똑한 학습 편〉 EBS 60분 부모 제작팀, 경향미디어
- 〈정신분석에로의 초대〉 이무석, 이유
- 〈인지치료와 정서장애〉 Aaron T. Beck, 학지사
- 〈발달심리학〉 신명희 외, 학지사

참고 논문

- 조지현, 조용래/인지행동 치료 2020. Vol.20, NO. 1, 47-69/사회불안과 우울증상에 공통된 인지적 취약성과 고유한 인지적 취약성 검증
- 정하나, 김정민/인지행동 치료 2015. Vol.15, NO. 1, 29-55/ 주요우울증 장애 경도군 청소년을 위한 인지행동치료와 마음챙김인지치료와 효과 비교